BEAUVOIR PRESENTE

SERVIÇO SOCIAL DO COMÉRCIO
Administração Regional no Estado de São Paulo

Presidente do Conselho Regional
Abram Szajman
Diretor Regional
Danilo Santos de Miranda

Conselho Editorial
Ivan Giannini
Joel Naimayer Padula
Luiz Deoclécio Massaro Galina
Sérgio José Battistelli

Edições Sesc São Paulo
Gerente Iã Paulo Ribeiro
Gerente adjunta Isabel M. M. Alexandre
Coordenação editorial Cristianne Lameirinha, Clívia Ramiro, Francis Manzoni
Produção editorial Simone Oliveira
Coordenação gráfica Katia Verissimo
Produção gráfica Fabio Pinotti
Coordenação de comunicação Bruna Zarnoviec Daniel

Cet ouvrage, publié dans le cadre du Programme d'Aide à la Publication 2018 Carlos Drummond de Andrade de l'Institut Français du Brésil, bénéficie du soutien du Ministère de l'Europe et des Affaires étrangères.

Este livro, publicado no âmbito do Programa de Apoio à Publicação 2018 Carlos Drummond de Andrade do Instituto Francês do Brasil, contou com o apoio do Ministério francês da Europa das Relações Exteriores.

BEAUVOIR PRESENTE

JULIA KRISTEVA

TRADUÇÃO
**EDGARD DE ASSIS CARVALHO
MARIZA PERASSI BOSCO**

Título original: *Beauvoir présente*
© Librairie Arthème Fayard, 2016
"Os direitos das mulheres na China: Ai Xiaoming e Guo Jianmei"
(pp. 95-107) © 1998 Editions Stock / 2015 Albin Michel
© Edições Sesc São Paulo, 2019
Todos os direitos reservados

1ª reimpressão, 2020

Preparação Elen Durando
Revisão Tatiane Godoy, Simone Oliveira
Capa, projeto gráfico e diagramação Luciana Facchini

Dados Internacionais de Catalogação na Publicação (CIP)

K898b
Kristeva, Julia
Beauvoir presente / Julia Kristeva; Tradução de Edgard de Assis Carvalho e Mariza Perassi Bosco. – São Paulo: Edições Sesc São Paulo, 2019. –
   128 p.

   ISBN 978-85-9493-147-4

  1. Condição feminina. 2. Feminismo. 3. Simone de Beauvoir. I. Título. II. Beauvoir, Simone de. III. Beauvoir, Simone Lucie-Ernestine-Marie Bertrand de. IV. Carvalho, Edgard de Assis. V. Bosco, Mariza Perassi
                                                              CDD 394

Edições Sesc São Paulo
Rua Serra da Bocaina, 570 – 11º andar
03174-000 – São Paulo SP Brasil
Tel. 55 11 2607-9400
edicoes@edicoes.sescsp.org.br
sescsp.org.br/edicoes
🇫 🇾 🅾 ▶ /edicoessescsp

SUMÁRIO

9   Nota à edição brasileira

11 Uma revolução antropológica
12 "Ninguém nasce mulher, torna-se mulher"
14 Confissões e o mentir-verdadeiro
16 Simone por Beauvoir
17 Uma experiência fundadora

19 Beauvoir presente
19 A igualdade dos sexos e o mito do universalismo
33 O casal homem-mulher revisto e corrigido
38 Para que serve o romance?

43 *O segundo sexo*, sessenta anos depois
49 O sujeito e a condição: qual felicidade?
51 O destino biológico e a livre realização
57 Os caminhos da transcendência

63 Beauvoir sonha
66 Balanço final, sonhos
69 Nos labirintos ofegantes das excitações
70 Uma maternidade fugidia e da qual fugir
72 Metamorfoses do pai
75 Do íntimo ao político

77 Nascemos mulher, mas eu me torno mulher

93 A liberdade se tornou possível: a que preço?
O Prêmio Simone de Beauvoir

95	Os direitos das mulheres na China: Ai Xiaoming e Guo Jianmei
95	Beauvoir na China
96	Uma longa marcha
101	Mulheres chinesas
103	O pensamento-experiência chinês
109	Contra o fundamentalismo no Paquistão: Malala Yousafzai
113	Sobre o feminino e o sagrado
113	Um novo totalitarismo
115	Elsa Cayat: uma mulher livre
116	Encontrar-se mutuamente
121	Notas sobre a origem dos textos
125	Sobre a autora

Nota à edição brasileira

As lutas por direitos humanos e civis das mulheres possuem pautas que coincidem em diversos países e regiões, ainda que processos históricos distintos não permitam que ocorram de modo concomitante avanços como o direito de votar; estudar; trabalhar; expressar-se livremente; ir e vir em segurança; encontrar apoio e legitimidade nas escolhas sobre a própria vida e o próprio corpo; ter paridade salarial em relação aos homens no exercício da mesma função; não ser vítima de violências de ordem psicológica, física e sexual; e de não ser morta pelo simples fato de ser mulher. Em suma, muitas dessas demandas são antigas, mas continuam sendo, neste exato momento, um sonho e uma reivindicação em algum lugar do planeta.

Questões como essas estão presentes na produção intelectual da escritora, filósofa existencialista e ativista política Simone de Beauvoir (1908-1986). Nascida no seio de uma aristocrática família francesa, ela integrou o grupo formado, entre outros, por Jean-Paul Sartre e Maurice Merleau-Ponty, com os quais editou a revista *Les temps modernes*, a partir do final da Segunda Guerra Mundial até o fim de sua vida. Dentre os diversos livros que escreveu, o destaque é dado à obra *O segundo sexo*, de 1949, que a transformaria em uma das principais referências intelectuais do feminismo e da defesa dos direitos das mulheres.

Neste *Beauvoir presente*, a escritora francesa Julia Kristeva faz uma leitura crítica e afetiva da trajetória da filósofa, redimensionando seu papel no debate contemporâneo acerca do feminismo. Para Kristeva, as ideias de Beauvoir delineiam uma revolução antropológica que permite à mulher ver a si mesma como um ser íntegro, e não apenas como o outro *do homem*, sendo esta uma redução dogmática que a subordina ao jugo patriarcal e lhe nega qualquer aspiração à reciprocidade e à autonomia. Essa reconfiguração implica o rompimento, por exemplo, com o imaginário cultural opressor que circunda seu corpo, e legitima sua voz e suas ideias, fortalecendo a convicção de sua capacidade de liderar e gerir bens econômicos, sociais e simbólicos.

Tendo em vista que "o feminismo é um movimento para acabar com sexismo, exploração sexista e opressão"[1], como bem define a teórica e ativista bell hooks, ele precisa ser uma pauta de todos, não só das mulheres, e isso se reflete em um processo de reeducação global com ênfase na educação de meninas e meninos em prol de uma sociedade mais igualitária, o que se configura como uma grande luta da contemporaneidade. Somente uma educação libertadora poderá construir visões e políticas mais justas e estabelecer direitos reconhecidos e defendidos por todos. É este o desafio que leva o Sesc São Paulo a publicar este livro.

---

1 bell hooks, *O feminismo é para todo mundo: políticas arrebatadoras*, Rio de Janeiro: Rosa dos Tempos, 2018, p. 17.

UMA REVOLUÇÃO ANTROPOLÓGICA

Graças à escrita, que "permanece a grande atividade de sua vida", Simone de Beauvoir se descobre mulher, "realidade misteriosa e ameaçada", historicamente oprimida, mas suscetível de "fraternizar" com o homem. Em *Le Deuxième sexe* (*O segundo sexo*, 1949), porém, ela não se contenta apenas em explorar, com fantástica clarividência, o sofrimento e a vitalidade, os impasses e as oportunidades típicas do feminino: ela consegue converter essa elucidação íntima da condição feminina em urgência política. *Antes*, a História era feita e escrita sem as mulheres. *Depois*, não existe mais História sem elas, participantes indispensáveis da esfera política, "em paridade" totalmente necessária, combatentes ativas por seu direito a todos os direitos, mesmo colocando em perigo a vida quando os fora da lei e os fundamentalistas de todas as espécies mantêm sua opressão, recusando-lhes a integridade corporal, a igualdade, a educação, a liberdade. Assumo plenamente a hipérbole de uma *revolução antropológica* para qualificar esse acontecimento único: Beauvoir presente, aqui e agora.

Na história da humanidade, a capacidade de representar e de se representar, algo que funda a cultura, caracteriza-se por gestos inéditos responsáveis por inúmeras revoluções antropológicas: a arte funerária; as pinturas parietais das cavernas de Chauvet ou de Lascaux; os mitos do "pensamento selvagem"; as grandes narrativas épico-religiosas, que regulam e justificam a ordem social dos grupos, bem como a existência, do nascimento de cada um de seus membros à morte; a invenção da escrita; e, mais próximo de nós, as descobertas científicas – o heliocentrismo, a gravitação, a relatividade, a teoria quântica, a expansão cósmica, o DNA, os neurônios-espelho[1], entre tantas outras revoluções... Mesmo assim, a exploração do infinitamente grande e do infinitamente pequeno prossegue, e embora as inovações tecnológicas não parem de transformar o mundo ao longo das guerras e de modificar o destino dos seres humanos, as ciências e as técnicas se empenham com afinco para revolucionar as mentalidades e os costumes. A própria arte, que desvenda territórios íntimos de qualquer pessoa, não consegue se desvencilhar das representações arcaicas da diferença sexual.

"NINGUÉM NASCE MULHER, TORNA-SE MULHER"

A vida e a obra de Simone de Beauvoir (1908-1986) *cristalizam uma revolução antropológica de grandes proporções*, preparada coletivamente há muito tempo pelos dois sexos e que não cessa de produzir efeitos imprevisíveis em nossos destinos pessoais e no futuro político do planeta. Aristocrata e filósofa existencialista, essa mulher livre e revoltada, sempre empenhada em não "consentir", assumiu riscos no amor e na escrita e soube polarizar e sintetizar os movimentos difusos e irrepreensíveis de emancipação das mulheres que a precederam e a rodearam: pôde esclarecer, radicalizar, assumir essa revolução antropológica que ela soube encarnar como ninguém. Ao se revoltar contra – totalmente contra – seu meio e sua educação, analisando a condição das mulheres como um todo

---

[1] Descobertos pelo neurocientista Giacomo Rizzolatti em 1996, os neurônios-espelho são células localizadas no córtex pré-motor, responsáveis pelas conexões entre a percepção e a ação no sistema nervoso. [N.T.]

ao longo da história, essa intelectual francesa estimulou, melhor do que ninguém, a emancipação do "segundo sexo", após milênios de dominação patriarcal e masculina. Seus escritos mobilizaram um vasto movimento internacional em prol do direito das mulheres de disporem de seus corpos e desenvolverem a criatividade de pensar por meio do controle dos nascimentos e do livre acesso ao mundo do trabalho e da governança política. Além disso, no espaço de uma geração, essa ruptura histórica subverteu o laço afetivo e existencial entre o homem e a mulher e metamorfoseou o núcleo do pacto social que é a família. As consequências dessa revolução antropológica sem precedentes, aliada aos processos biotecnológicos contemporâneos, reconfiguram o destino da espécie humana.

Adulada pelos libertários, estigmatizada pelos conservadores, sem ser uma militante feminista propriamente dita, mas acompanhando e estimulando as lutas de todas as mulheres por seus direitos, Beauvoir marcou sua época com sua *escrita* e, graças a ela, hoje seu pensamento permanece mais atual do que nunca. É forçoso constatar que as crises do ultraliberalismo e as aleatoriedades dos conflitos do século XXI reforçam o pensamento calculante[2] e o retrocesso securitário/identitário em detrimento dos ardores libertários, e as próprias mulheres tendem a renunciar à liberdade que, para Beauvoir, se exige "transcender". Elas optam pelo conformismo social, seja para se "integrarem" ao "sistema" capitalista – se possível em "paridade" – seja para "escolher" – uma escolha pretensamente pessoal – o pertencimento comunitário, "racial", étnico, religioso, homossexual/transgênero: um comunitarismo que pode se converter em exaltação fundamentalista mortífera e confundir todas as ideologias.

---

2 Segundo o filósofo alemão Martin Heidegger, o pensamento calculante corresponde à ideia de um raciocínio estruturado sob as bases do cálculo, da lógica computacional e do utilitarismo, com a subjetividade sendo substituída pela razão do valor de troca. [N.E.]

CONFISSÕES E O MENTIR-VERDADEIRO[3]

Os textos reunidos neste livro foram apresentados em diversos eventos culturais dedicados à obra de Simone de Beauvoir e à sua múltipla influência nas lutas das mulheres no contexto de um mundo globalizado em crise endêmica. Não proponho um estudo exaustivo da complexa obra da filósofa nem uma avaliação do lugar que ela ocupa no cerne da corrente existencialista, embora eu permaneça muito atenta a essa marca indelével deixada por seu pensamento. Não se trata tampouco de um retrato sensível de uma Simone amorosa, menos ainda de um balanço de seu feminismo e de suas conquistas. Não faltam sínteses de sua obra, escritas por seus fiéis seguidores, por seus discípulos dissidentes e por especialistas. Neste livro, serão encontradas leituras pessoais e comentários positivos ou críticos que essa *experiência* fundadora provoca em mim, cujas nuanças e atualidade não cessaram de nos interpelar e de nos surpreender.

Beauvoir presente convida todos vocês a (re)lerem as páginas dessa autora que, pela primeira vez, demonstra com clareza analítica e paixão política que não existe *pensamento*, no sentido absoluto do termo, que não seja *um diálogo entre os dois sexos*: uma felicidade arriscada, dolorosa, dessacralizada, embora possível, e a única capaz de dar algum sentido a uma vida. Vocês encontrarão aí sua "vocação" indelével, sua paixão segura por seu "querido filósofo", Jean-Paul Sartre, evidentemente, e por Paris, laboratório exigente e privilegiado da língua francesa, a verdadeira pátria beauvoiriana, "o único lugar do mundo onde seus livros e seu trabalho adquirem

---

[3] Neologismo criado pelo escritor Louis Aragon (1897-1982), ganhador do Prêmio Lênin da Paz em 1957, para definir a capacidade da literatura de criar um universo verídico, contando uma história de pura ficção que, para o leitor, assemelha-se a algo real ou realista. A mentira sempre esteve presente na vida de Aragon, isso porque ele fora criado por uma mãe que ele pensava ser sua irmã e por um pai que supostamente era seu padrinho. [N.T.]

sentido". Sem esquecer, é claro, a viajante extremamente curiosa, a andarilha infatigável, e essa busca vibrante de prazer que se amplia em Chicago, no "lugar sincero e acolhedor" de um "coração enamorado", o de Nelson Algren[4], jovem norte-americano que, com grande tristeza, ela abandonará. É dessa forma que Beauvoir desmistifica o último refúgio do religioso, o "casal", não cessando, porém, de refazê-lo como o espaço de um debate entre dois indivíduos autônomos, preocupados um com a integridade do outro, com a polidez generosa e severa (com Sartre), com uma incestuosa cumplicidade carnal (com Claude Lanzmann), como o lugar indispensável onde os "amores contingentes" se evadem e onde se abriga a escrita, a única capaz de aliviar, por algum tempo, a "mulher ludibriada". Entre biografia e autoficção – *Mémoires d'une jeune fille rangée*[5], *Les Mandarins*[6], *Une Mort si douce*[7] e *La Cérémonie des adieux*[8] –, entre confissões e um mentir-verdadeiro, essa exploradora, de uma honestidade escrupulosa, acrescenta à sua argumentação existencialista uma escrita romanesca, na qual ela mais se reconstrói incessantemente do que procura seduzir o templo da literatura francesa e seus guardiões.

---

4 Nelson Algren tinha 36 anos quando Simone de Beauvoir o conheceu em Chicago, durante uma viagem aos Estados Unidos. Essa paixão avassaladora perdurou por dezessete anos e repercutiu em ensaios e romances, dentre os quais *Lettres à Nelson Algren: un amour transatlantique, 1947-1964*, Paris: Gallimard, 1997. [Ed. bras.: *Cartas a Nelson Algren: um amor transatlântico 1947-1964*, trad. Marcia Neves Teixeira e Antonio Carlos Austregesylo de Athaide, Rio de Janeiro: Nova Fronteira, 2000.] [N.T.]
5 Paris: Gallimard, 1958. [Ed. bras.: *Memórias de uma moça bem-comportada*, trad. Sérgio Milliet, São Paulo: Difusão Europeia do Livro, 1968.]
6 Paris: Gallimard, 1954. [Ed. bras.: *Os mandarins*, trad. Hélio de Souza, Rio de Janeiro: Nova Fronteira, 2002.]
7 Paris: Gallimard, 1964. [Ed. bras.: *Uma morte muito suave*, trad. Álvaro Cabral, Rio de Janeiro: Nova Fronteira, 1986.]
8 Paris: Gallimard, 1981. [Ed. bras.: *A cerimônia do adeus*, trad. Rita Braga, Rio de Janeiro: Nova Fronteira, 2015.]

SIMONE POR BEAUVOIR

Beauvoir cruel? Certamente, dominada pelo ciúme, abalada pela depressão, enraivecida contra o "destino biológico", consumindo-se sem medida em suas longas caminhadas e demonstrando uma solidariedade não menos desmedida para com seus amigos cúmplices. Leitora de Hegel, Kant, Husserl, mas também do Marquês de Sade. E de Freud: "um dos homens desse século", a quem ela "admira calorosamente", mas critica bastante, depois de lhe ter tomado emprestada a definição de sexo (para *O segundo sexo*): "é o corpo vivido pelo sujeito". Ela decide, enfim, revelar-nos... seus sonhos: vinte páginas de narrativas oníricas, uma "diversão", observando atentamente seus distanciamentos e seus "entraves", e sempre com sua indefectível e lúcida crueldade.

Essa insaciável pulsão de se expor, construindo-se com seus medos e sonhos e contra eles, sem negar nem as agressões nem as frustrações, não constitui uma fraqueza. Vejo nisso uma astúcia dessa revolução antropológica que Beauvoir empreende mais ou menos inconscientemente. Desse modo, ela derruba a postura de líder (ou de ícone) feminista, na qual alguns tentaram enquadrá-la e outras pretenderam assumir em seu lugar, e desconstrói a soberba de um mito Beauvoir. Ao desnudar-se na escrita e no pensamento, ela insufla ao infinito o caráter universal de *O segundo sexo* na intimidade de cada uma, de cada um. Ela convida os diletantes e os profissionais da "política", hoje completamente desacreditados, a singularizar a política e a politizar o singular.

UMA EXPERIÊNCIA FUNDADORA

Essa alquimia por meio da escrita culmina definitivamente na *bondade*, à qual se refere Jean Genet, e sobrevive deixando de lado a tirania das aparências que nos separa do mundo. Foi exatamente isso que Simone de Beauvoir soube realizar. Hoje, *O segundo sexo* é um clássico para os especialistas, e o feminismo, em vias de se tornar um programa arquivado, reinventa-se nos quatro cantos do mundo por meio de cada uma de nós, nessa intimidade singular que a romancista reconstruía incessantemente. De modo paradoxal, ao se libertar ela mesma por meio da escrita, ao se deixar amar/desamar, assimilar/absorver pelas feministas, por aquelas que não sabem que são feministas e por aquelas que não o querem ser, Beauvoir iniciou mais uma revolução antropológica do que instituiu uma "obra" filosófica ou militante.

Essa generosa benevolência faz com que ela chegue até mesmo a se desapropriar de seus textos, a deixá-los à livre interpretação para serem adaptados, consumidos – por seu espírito de liberdade, sem dúvida, mas segundo seus combates e o sentido de suas próprias obras – por essas mulheres, essas feministas que a sucedem por toda parte no mundo: mulheres como Malala Yousafzai e Taslima Nasrin, que enfrentaram os *gângsters* fundamentalistas do continente asiático; como Guo Jianmei e Ai Xiaoming na China; como as juristas democratas na Tunísia ou de outros lugares; e como Lyudmila Ulitskaya, a rainha do romance na Rússia, para citar apenas aquelas a quem entregamos o Prêmio Simone de Beauvoir... Ou, ainda, gente como Elsa Cayat (com Delphine Horvilleur), do *Charlie Hebdo*, e tantas outras que raramente leram o que ela escreveu, ou talvez nunca o fizeram, mas vivem no rastro desse pensamento em espiral transformado em escrita que definitivamente se inscreve na emancipação singular e coletiva das mulheres. A "boa nova" beauvoiriana chegou até nós neste mundo que está se tornando biotécnico e transumanista, mas que mais do que nunca tem necessidade de acreditar e que deseja saber: "*Nascemos* mulher, mas *eu* me torno mulher", replicam as filhas e netas da escritora. E uma vez que "a mulher livre ainda está para nascer", *Beauvoir presente* nos convida a (re)ler seus escritos para melhor compreender e inovar nossas liberdades que, como ela nos advertiu, precisam ser reconquistadas sempre.

JULIA KRISTEVA
22 DE OUTUBRO DE 2015

BEAUVOIR PRESENTE

Com um interesse jamais enfraquecido por minha condição de mulher, cidadã, psicanalista e escritora – mas certamente não de especialista –, sempre estive atenta ao percurso de Simone de Beauvoir, que provocou escândalo e influenciou o destino de muitas de nós. *O segundo sexo* estaria ultrapassado? Alguns acham que sim. Não é o meu caso, e tentarei convencê-los de que Beauvoir está presente neste tempo plural, pulverizado em uma multidão de fragmentos que cristalizam singularidades tão heterogêneas quanto explosivas neste nosso mundo aparentemente globalizado.

Dentre os temas cruciais abordados pela filósofa, me dedicarei atentamente às questões da igualdade dos sexos e do mito do universalismo, segundo sua visão; do casal homem/mulher revisto e corrigido por ela; do romance; e da escrita.

A IGUALDADE DOS SEXOS E O MITO DO UNIVERSALISMO

A luta organizada das mulheres por sua emancipação passou por três etapas nos tempos modernos:

- a reivindicação dos *direitos políticos* pelas sufragistas;
- a afirmação de uma *igualdade* ontológica com os homens (contra a

"igualdade na diferença"), que conduziu Beauvoir, em *O segundo sexo*, a demonstrar e a profetizar uma "fraternidade" entre o homem e a mulher para além de suas especificidades naturais, a obtenção da contracepção e a interrupção voluntária da gravidez;
- por fim, na esteira de Maio de 1968 e da psicanálise, a busca da *diferença* entre os dois sexos, portadora de uma criatividade original por parte das mulheres tanto na experiência da sexualidade como na extensão das práticas sociais, da política à escrita.

Em todas essas etapas, o que se visava era a liberação do conjunto das mulheres: nesse aspecto, as feministas não sucumbiram às ambições totalizantes dos movimentos libertários oriundos da filosofia do Iluminismo e, antes disso, aos da dissolução do mundo religioso, cujos movimentos pretendiam concretizar neste mundo, com a negatividade revoltada, a teleologia paradisíaca. Nos dias atuais, conhecemos muito bem os impasses dessas promessas totais e totalitárias. O próprio feminismo, não importa quais sejam suas diversas correntes na Europa, na América e no mundo emergente (feminismo negro, feminismo islâmico, direitos das mulheres na China etc.), não escapou desses limites, e essa tendência acabou por esclerosá-lo em um militantismo sem futuro que, ao ignorar a singularidade dos *sujeitos*, acreditou que podia aprisionar todas as mulheres, bem como todos os proletários ou todo o terceiro mundo, em uma reivindicação obstinada e desesperada.

É forçoso reconhecer, no entanto, que Simone de Beauvoir, a mais ilustre de suas inspiradoras, estava muito longe de subestimar o "sujeito" na mulher, ou o "indivíduo" que existe nela, e que "experimenta uma necessidade indefinida de se transcender". Fiel a essa perspectiva oriunda da moral existencialista e apropriando-se à sua maneira do marxismo, a filósofa esforçou-se para livrar a mulher do estatuto secundário que a obriga a ser o *outro* do homem, sem ter nem o direito nem a oportunidade de se constituir igualmente como *outro*.

Essa é a mensagem de *O segundo sexo*.

Privada da possibilidade de projetos e de transcendência, a mulher assim constituída pela história de uma sociedade dominada pelo patriarcado e pelos homens estaria destinada à imanência, petrificada como um objeto, "pois sua transcendência [é] perpetuamente transcendida por uma outra consciência essencial e soberana"[9]. Quando Beauvoir luta contra a redução da mulher ao biologicismo – "Ninguém nasce mulher, torna-se mulher" (*LDS*, II, p. 13) –, na realidade, é contra a metafísica que a filosofa se encoleriza, isso porque é a metafísica que aprisiona a mulher no *outro* para concebê-la como *facticidade* e *imanência* e recusar seu acesso à verdadeira humanidade: a da autonomia e da liberdade.

Entretanto, ao afastar a problemática da *diferença* em prol da *igualdade*, Beauvoir se impediu de levar o projeto existencialista mais longe, algo já anunciado e que deveria tê-la conduzido a refletir, por intermédio da condição das mulheres no plural, sobre as chances de liberdade de cada uma delas como ser humano singular:

> O drama da mulher reside nesse *conflito* entre a reivindicação fundamental de qualquer *sujeito* que se coloca sempre como essencial e as exigências de uma situação que a constitui como inessencial. Como, na condição feminina, um *ser humano* pode se realizar? [...] isso significa que, ao nos interessarmos pelas *chances do indivíduo*, não definiremos essas chances em termos de felicidade, mas em termos de liberdade[10] (*LDS*, I, pp. 31-2).

---

9 Simone de Beauvoir, *Le Deuxième sexe*, v. I, Paris: Galimard, 1949, p. 31. No decorrer do texto, as referências a *Le Deuxième sexe* serão abreviadas pela sigla *LDS*, seguida de I, quando se tratar do primeiro volume, e de II, quando se tratar do segundo. [Ed. bras.: *O segundo sexo* (v. I: Fatos e mitos; v. II: A experiência vivida), trad. Sergio Milliet, 3. ed., Rio de Janeiro: Nova Fronteira, 2017.]
10 Os grifos são da autora Julia Kristeva.

Na verdade, mesmo que a reflexão de Beauvoir tenha se baseado amplamente nas realizações de mulheres "sujeitos" ou "indivíduos", todas elas exemplares por seu gênio, como Santa Teresa ou Colette, passando por Mademoiselle de Gournay ou por Théroigne de Méricourt, *O segundo sexo* se dedicou menos ao "ser humano" e às "chances do indivíduo" e muito mais à "condição feminina" em seu conjunto. Isso porque é a partir da transformação dessa condição que a autora esperava uma possível autonomia individual e uma criatividade feminina, essas "chances" do ser singular cuja libertação deveria ter sido, segundo ela, o principal objetivo histórico.

Sem sombra de dúvida, a autora de *O segundo sexo* se antecipou bastante na defesa da singularidade feminina, no momento em que múltiplas "condições" sexuais e econômicas ainda entravavam a emancipação das mulheres. Com um tom extremamente engajado, recheado por uma vasta erudição pedagógica e marcado por uma ironia clarividente e elegante, seu jornalismo filosófico iria assegurar a seu livro o estrondoso sucesso que conhecemos. Embora seus objetivos continuem sempre atuais, a *era planetária* que se abriu após os *tempos* modernos revela-se excessivamente petrificada por conservadorismos e arcaísmos, e não é certo que o "conflito" entre a *condição de todas* e a *livre realização de cada uma* – conflito que, segundo a filósofa, seria o fundamento do sofrimento feminino – possa ser regulado se nos preocuparmos *apenas* com a "condição", subestimando o "sujeito". Em sua reflexão, ao privilegiar a transformação da "condição" feminina, a própria Beauvoir contribui para eliminar o desafio essencial que é o da iniciativa singular e manter nas sombras a chance indecidível da *ipseidade*[11], cara não apenas a Duns Escoto (1266-1308), como também a uma filósofa, a uma

---

[11] Caráter particular, individual, único, de um ente considerado como existência singular concreta. A categoria foi retomada posteriormente por Martin Heidegger e Paul Ricœur em suas obras filosóficas sobre a existência do ser e a filosofia ética. [N.T.]

psicanalista e a uma escritora que vigorosamente a defenderam e realizaram. Penso em Hannah Arendt, Melanie Klein, Colette – e tantas outras –, que não esperaram que a "condição feminina" estivesse amadurecida para realizar sua liberdade: o "gênio" não é exatamente essa abertura que atravessa e vai além da "situação"?

Mencionar o gênio de cada uma delas não é uma maneira de subestimar o peso da história – melhor e mais do que outras, essas três mulheres, dentre tantas, o afrontaram e o revolucionaram com coragem e realismo. Além disso, elas libertaram a condição feminina, bem como a condição humana em geral, das constrições biológicas, sociais ou do destino, valorizando a iniciativa consciente ou inconsciente do *sujeito* contra todas as violências de seu *programa*, imposto por esses diversos determinismos. A iniciativa singular não seria, definitivamente, essa força íntima, ínfima, mas suprema, da qual depende a desconstrução de qualquer "condição"? Ao questionar a subjetividade irredutível dessas três mulheres, sua singularidade criativa, foi por essas "oportunidades do indivíduo" em "termos de liberdade" – segundo o vocabulário de Beauvoir – que minha própria pesquisa se interessou. Para além de nossas divergências, também tenho a convicção de retomar e desenvolver uma ideia essencial de *O segundo sexo*: sob a constrição da História, de um lado, e de sua própria opção existencialista, de outro, o legado de Beauvoir deixou em suspenso a seguinte questão: *como, na condição feminina, o ser de uma mulher pode se realizar, como ela pode encontrar sua oportunidade individual de liberdade, que representa o sentido moderno da felicidade?* Todos irão compreender que, ao formular assim minha pesquisa, pretendo expressar da melhor forma possível minha dívida com Simone de Beauvoir, essa pioneira quase sempre criticada injustamente, ou subestimada, e dedicar meu tríptico, *Le Génie féminin*[12] (O gênio feminino) à sua memória.

---

12 Cf. Julia Kristeva, *Le Génie féminin*; t. I: *Hannah Arendt (La Vie)*, Paris: Fayard, 1999; t. II: *Melanie Klein (La Folie)*, Paris: Fayard, 2000; t. III: *Colette (Les Mots)*, Paris: Fayard, 2002.

Para Beauvoir, a igualdade dos sexos, que socialmente se vale da *"frater*nidade" (observem o masculino) entre o homem e a mulher, inscreve-se filosoficamente no regime do "universal", cuja genealogia remonta à *Ideia* platônica, à alma intelectiva [νους] de Plotino[13], aos ideais republicanos tão caros aos iluministas franceses: não seria possível enumerar aqui as variantes históricas da metafísica do universal, que permanece a pedra angular dos direitos do homem e da cultura moderna. Na escuta psicanalítica, sabemos, entretanto, que elas se baseiam na denegação do *corpo feminino*, na denegação da *homossexualidade feminina* e na denegação da *maternidade*; e no culto ao falo e ao grande homem (Sartre), que sempre envolve ambivalência, agressividade ou dependência.

Experimentamos um excesso de violências – seriam elas causadas pelo medo? – que matizam *O segundo sexo* de Simone de Beauvoir: o medo contra a decadência do corpo menstruado, a escravidão da gravidez, os tormentos dos abusos sexuais sofridos pelas mulheres e os horrores do parto. Cito algumas passagens: "A gestação é um trabalho cansativo que não traz à mulher nenhum benefício individual e exige, ao contrário, pesados sacrifícios. Acompanha-se [...] de vômitos [...] que manifestam a revolta do organismo contra a espécie que dele toma posse [...]" (*LDS*, I, p. 67). "O parto em si é doloroso, é perigoso [...]. O aleitamento também é uma servidão esgotante [...]. Diz-se constantemente que as mulheres 'têm doenças no ventre'; é verdade que elas encerram um elemento hostil: é a espécie que as corrói" (*LDS*, I, p. 68). "Dentre todas as fêmeas de mamíferos, [a mulher] é a mais profundamente alienada e a que nega mais violentamente essa alienação" (*LDS*, I, p. 70). Ou ainda: "Um corpo de mulher – e principalmente o de moça – é um corpo 'histérico', no sentido de que não existe distância entre a vida psíquica e

---

13 A filosofia de Plotino (205-270 d.C.) contém três princípios básicos: o Um, o intelecto e a alma. [N.T.]

sua realização fisiológica [...], as perturbações da puberdade a exasperam [...] a própria desordem orgânica é motivada por uma atitude psíquica. Em grande parte, é a angústia de ser mulher que corrói o ser feminino" (*LDS*, II, p. 95). "O controle de si" que a educação impõe à jovem "mata a espontaneidade". Nos pensionatos de moças, "o tédio é contagioso", pois é a vontade dos meninos que predomina: "Os meninos são melhores" e "essa convicção é debilitante" (*LDS*, II, p. 98). E assim por diante.

Ao enunciar pela primeira vez, e com uma coragem exemplar, a máxima "ninguém nasce mulher, torna-se mulher", e denunciar as manipulações sócio-históricas que, em última instância, produzem a escravidão feminina, a autora de *O segundo sexo* não deixa de revelar sua rejeição, mais do que inconsciente, com frequência consciente e até mesmo militante, da diferença sexual expressada pela menstruação, pela maternidade, pela menopausa e pela homossexualidade feminina, entre outras. Nem deixa de afirmar sua admiração, até mesmo seu fascínio, pelo poder fálico que emana do musculoso corpo masculino e do destino "infinitamente privilegiado" do homem.

Antecipo, na sequência, algumas provas suplementares dessa denegação do feminino que constitui a face íntima do universalismo de Beauvoir e, implicitamente, de qualquer universalismo.

Enquanto o próprio Sartre definia o desejo, principalmente o desejo do homem, como uma "perturbação" – "a consciência desejante é perturbada, porque ela é análoga à água turva"[14] –, considerando o sexual nem "distinto" nem "claro"[15], a representação que Beauvoir faz do pênis ereto é a de que ele é tão "limpo e simples" como "um dedo" (*LDS*, II, p. 166), e compara a excitação vaginal às

---

14 Jean-Paul Sartre, *L'Être et le néant*, Paris: Gallimard, 1943, p. 437. [Ed. bras.: *O ser e o nada: ensaio de ontologia fenomenológica*, trad. e notas Paulo Perdigão, Petrópolis: Vozes, 1997.]
15 *Ibidem*.

plantas carnívoras e aos pântanos que engolfam as crianças. Como destaca Toril Moi[16], enquanto Sartre considera o pênis um instrumento, Beauvoir – à sua maneira já lacaniana e sem saber disso? – diviniza o órgão masculino, considerando-o um instrumento da transcendência. Esbocemos uma hipótese. Uma Beauvoir bastante fálica, diante de um Sartre mais feminino, deixa de lado a feiura e as fraquezas do homem para partilhar fraternalmente a superioridade intelectual do filósofo. Esse dilema permite à futura autora de *O segundo sexo* não apenas assumir "naturalmente" a castração e/ou a feminilidade de seu parceiro, como também desfrutar em seu lugar, e como uma mulher, não apenas a feminilidade das amantes do senhor, mas igualmente a dominação delas, como se, mais do que um homem, ela fosse o próprio pensador! No fundo, seria como se cada um estivesse mobilizando sua bissexualidade psíquica para formarem, os dois, um *ménage* a quatro? O que explicaria o fato de que Sartre talvez tenha sido um dos raros homens, quem sabe o único, que não temia a castração diante de uma mulher dominadora como Beauvoir, tão respeitosa do falo simbólico do proeminente pensador? Tantas hipóteses, todas muito divertidas, com as quais poderíamos tanto concordar como discordar, levando em conta a surpreendente leveza de Beauvoir, a feminista, que, contra todas as aparências, me parece livrar-se de suas contradições anteriores para acabar de vez com elas.

Um exemplo: em sua resenha sobre *La Phénoménologie de la perception* (1945)[17], de Merleau-Ponty, que insiste na encarnação corporal da consciência e na ambiguidade constitutiva da percepção

---

[16] Cf. Toril Moi, *The Making of an Intellectual Woman*, Oxford/Cambridge: Blackwell, 1994, p. 169. Publicado em francês com tradução de G. Belleteste e prefácio de Pierre Bourdieu: *Simone de Beauvoir: conflits d'une intellectuelle*, Paris: Diderot Éditeur, Art et Sciences, 1995.
[17] Ed. bras.: *A fenomenologia da percepção*, trad. Carlos Alberto Ribeiro de Moura, São Paulo: Martins Fontes, 1994.

e da sexualidade, Beauvoir aprecia a "riqueza" dessa análise que, na verdade, colide com as teses de Sartre a respeito da existência como um "puro Em-si". Embora sua própria concepção da sexualidade feminina, em *O segundo sexo* e em seus romances, surpreenda por sua ambiguidade e, no final das contas, esteja mais próxima da concepção de Merleau-Ponty, a filósofa não hesita em clamar sua preferência por *O ser e o nada*.

De maneira mais empírica, para não dizer existencial, sensível às amizades femininas desde a adolescência, Beauvoir jamais se referirá ao fato de ter perdido Zaza, seu grande amor de juventude, morta prematuramente. "Existe algo de viril nos modos da jovem professora", afirma o diretor de ensino Davy, membro da banca do concurso de admissão para professores do Ensino Médio, em 1935, ao se referir à maneira de ensinar da então candidata Beauvoir. Desde então, conhecemos as diferentes versões das relações privilegiadas que Beauvoir mantinha com algumas de suas alunas: Olga, que se converteu em Xavière em *L'Invitée*[18], e Ivitch, em *L'Âge de raison*[19], de Sartre; Lise Oblanoff, ou Bianca Oblanoff, conhecida como Louise Védrine em *Mémoires d'une jeune fille dérangée*[20], de Bianca Lamblin; e Nathalie Sorokine, da qual alguns traços de caráter são semelhantes aos de Helena, em *Sang des autres*[21]. O "caso Sorokine" foi revelado, entre outros, por Gilbert Joseph, em *Une si douce*

---

[18] Paris: Gallimard, 1943. [Ed. bras.: *A convidada*, trad. Vitor Ramos, São Paulo: Difusão Europeia do Livro, 1968.]
[19] Ed. bras.: *A idade da razão: os caminhos da liberdade I*, trad. Sérgio Milliet, 3. ed., Rio de Janeiro: Nova Fronteira, 1983.
[20] Ed. bras.: *Memórias de uma moça malcomportada: a verdadeira história do triângulo amoroso entre a autora, Sartre e Beauvoir*, trad. Zélia Brosson, Rio de Janeiro: Record, 1995.
[21] Ed. bras.: *O sangue dos outros*, Rio de Janeiro: Nova Fronteira, 1984. O livro foi adaptado para o cinema, dirigido por Claude Chabrol, em 1983, com Jodie Foster e Sam Neil no elenco. Estreou no Brasil em 1984. [N.T.]

occupation, Simone de Beauvoir et Jean-Paul Sartre, 1940-1941[22] (Uma ocupação muito doce, Simone de Beauvoir e Jean-Paul Sartre, 1940-1941), no qual ele faz referência à queixa da mãe da jovem Nathalie, que acusava Beauvoir de incitação de uma menor à depravação, queixa que culminou na exclusão da professora dos quadros do Sistema Nacional de Educação. Suas *Lettres à Sartre* (Cartas a Sartre, 1990) e seu *Journal de guerre* (Diário de Guerra, 1990), bem como o livro de Bianca Lamblin, *Mémoirs d'une fille dérangée* (1993), contêm elementos que suscitam acalorados debates. Mas não deixam dúvidas quanto às tendências homossexuais de Beauvoir, dominadora e predadora de suas próprias amigas e das amantes de Sartre. Tendências que ela dissimulou com base na lógica hegeliana, tomando emprestado da imagem também universal do senhor e do escravo uma racionalização de seus dramas passionais, a fim de justificá-los, reprimi-los, mas também sublimá-los. Desde *A convidada* (1941) – essa "história frívola" do amor triangular que coloca sob as luzes dos projetores os amores do casal Sartre-Beauvoir – a frase hegeliana "Toda consciência persegue a morte do outro" não serve para justificar uma narrativa de crime ou um romance policial, mas introduz a uma metafísica universalista capaz de elucidar a paixão implacável, confessada e denegada entre Françoise e Xavière, aliás, Beauvoir e Olga Kosakiewicz. Seria necessário aguardar *Os mandarins* (1954) para que a psicanálise aparecesse sob o aspecto de uma personagem (Anne), sem por isso levar a uma abordagem clínica das paixões íntimas. Bem mais do que Freud, foram Heidegger e Kierkegaard – a preocupação com a presença ou com o Eu – os companheiros eleitos de Beauvoir ao longo de sua carreira, razão pela qual a existencialista jamais ultrapassará definitivamente a fronteira que separa a metafísica da descoberta freudiana.

---

22 Paris: Albin Michel, 1991.

É forçoso reconhecer, entretanto, que nesse verdadeiro recipiente alquímico no qual Beauvoir se debate entre sua verdade passional, que é sua bissexualidade, e as defesas que a metafísica lhe oferece entre sexualidade-bissexualidade avassaladora, exaltação juvenil da liberdade e preocupação intelectual com a verdade – e tantas outras ambivalências que procuram se expressar entre o romance e a profissão filosófica –, ela descobre, *antes de Sartre*, o campo do político, através e além da aventura intimista[23]. O "engajamento" se explicita em uma carta de Beauvoir a Sartre, datada de 8 de outubro de 1939, na qual ela expressa "remorsos" em relação a seu amante Bost e a outros que eram dezenas de anos mais jovens do que ela mesma e Sartre: foi "adequado *para nós*" permanecer inativos por desgosto com a política, aceitando a Guerra como um "cataclismo", sem queixumes, mas essa "indiferença estoica" seria irresponsável em relação aos outros, afirma ela resumidamente. Para além das "obrigações *individuais*" com essas pessoas, é no "geral" e no "social" e até mesmo no "político" que Beauvoir pensa, e cabe a Sartre encadeá-los: "E eu suponho que são essas ideias que acorrem imediatamente à mente de um pai, uma vez que a função paterna introduz necessariamente o social em suas relações com o filho"[24]. Estamos diante da Beauvoir em formato pai, iniciadora da própria ideia do *engajamento*, que ela não hesitará, posteriormente, assim como todo mundo, em atribuir a Sartre, já que foi dele a incumbência de elaborar e propagar essa ideia após 1941.

---

[23] Encontraremos uma bela análise dos primeiros romances de Beauvoir à luz de sua evolução em direção a um engajamento político na brilhante tese de Danièle Fleury: *Simone de Beauvoir: de L'Invitée au Sang des autres, l'éveil à la solidarité*, tese de doutorado defendida na Universidade Paris 7-Denis Diderot, em 22 de junho de 2004.
[24] Cf. Jean-Paul Sartre, *Les Cahiers de la drôle de guerre*, Paris: Gallimard, 1995, pp. 135-6, com notas de Arlette Elkaïm-Sartre.

Não se trata aqui de separar a parte da denegação dos laços eróticos, a da culpabilidade e a da escolha do supereu ético, nem mesmo de apontar sua necessária coexistência. Uma operação semelhante seria perigosa, inclusive com os analisandos que se submetem à aventura psicanalítica – e ela continua aleatória, até mesmo impossível, com aqueles que se esquivam dela.

Se hoje mesclo essas lembranças dos sofrimentos femininos, as invejas masculinas e as denegações que pontuaram as escolhas existenciais, romanescas e éticas de Beauvoir, é porque não ignoro que a situação vitimária e sua contrapartida fálica sempre foram a parcela cotidiana da condição feminina ao longo da história como um todo, e continuam sendo até os dias atuais. Que os privilégios de nascimento, de riqueza, de classe social ou de clã familiar possam hoje denunciar uma pretensa vitimização das mulheres pelas feministas da terceira geração, até mesmo pela própria Simone de Beauvoir, não me parece senão uma hipocrisia, ou melhor, um fantasma otimista que diz respeito apenas àquelas que fazem dele uma forma de expressão. Sob a escrita de Beauvoir, a denúncia da miséria feminina, antes e depois da Segunda Guerra Mundial, tinha a ambição de um combate político que se tornou iminente, isso porque alterou de maneira radical o destino da humanidade. Seus gritos de desespero, bem como suas invejas masculinas, e até mesmo as crueldades sadomasoquistas das quais se alimentava a família imaginária que gravitava ao redor de Sartre e Beauvoir, acompanharam os combates da modernidade dos quais a contracepção, o aborto livre e consentido e a igualdade de direito ao trabalho para as mulheres constituem o coroamento eficaz, sempre em curso. Sem falso pudor ou moralismo hipócrita, é relevante reconhecer que os avanços libertários de nosso século, talvez mais do que de outros, acumularam-se de excessos, de extravagâncias e de incomensuráveis desgastes.

É claro que nas palavras que deploram o corpo menstruado da moça posso entrever uma identificação com o agressor: como se a autora tivesse interiorizado o olhar e o vivido impostos e dirigidos pela sociedade técnica e produtivista a esse corpo feminino e a seu próprio corpo. Posso compreender também esse *lamento* beauvoiriano contra a maternidade, por exemplo, como um desejo de adquirir a agilidade performante, a força penetrante, incisiva, do irmão, do homem. Ao ser entrevistada por Alice Schwarzer, Beauvoir afirma que ama os seios das mulheres, mas que jamais se sentiu atraída "até mesmo pelo tamanho deles". Mesmo que o adore como escritor, relembro uma frase de Marcel Proust que, pela boca do Dr. Cottard, afirma que "é sobretudo por meio dos seios" que as mulheres atingem "o ápice do gozo"[25]. Ao contrário disso, se a autora de *O segundo sexo* me inspirasse menos simpatia, eu poderia relembrar a denegação, comparada à de Beauvoir, formulada pelo próprio presidente Bill Clinton, que, diante do Tribunal de Justiça americano, argumentou não considerar como relações sexuais certos prazeres da felação[26] ou do charuto.

---

[25] Marcel Proust, *Sodome et Gomorrhe, À la recherche du temps perdu*, em: *Œuvres complètes*, tome III. Paris: Gallimard, 1988, p. 191. [Ed. bras.: *Sodoma e Gomorra. Em busca do tempo perdido*, v. 2, trad. Fernando Py, Rio de Janeiro: Ediouro, 2002.] O personagem do doutor Cottard tem papel importante em *Sodoma e Gomorra*. Trata-se de um médico emérito, participante do círculo íntimo de Madame Verdurin, uma das personagens significativas da obra, que aparece nas versões cinematográficas de Volker Scholöndorf (*Um amor de Swann*, 1984) e Raoul Ruiz (*O tempo recuperado*, 1999). [N.T.]
[26] A denegação citada por Julia Kristeva refere-se ao caso Monica Lewinsky, ocorrido em 1998. Em seu depoimento à Suprema Corte americana, Bill Clinton, então presidente dos Estados Unidos, jurou nunca ter tido relações sexuais com Monica Lewinsky, estagiária na Casa Branca. Ele afirmou seguir a definição de "relações sexuais" acordada entre as partes no julgamento, que incluía "oferecer", mas não "receber" sexo oral. Dos autos do processo, consta que Clinton chamou a estagiária ao Salão Oval da Casa Branca, pegou o charuto que tinha na boca, introduziu em sua vagina, colocou de volta na boca e afirmou que tinha um "gosto bom". [N.T.]

Fobia, portanto, do corpo feminino e, principalmente, da maternidade, denegação da homossexualidade feminina – para se proteger da reclusão convencional, das acusações judiciárias? Ou pela impossibilidade de integrá-los em seu sistema hegeliano-marxista, existencialista, engajado? Ou, mais cinicamente, pelo gosto do poder de se opor às convencionalidades e, no fim das contas, pelo cálculo social? Lendo seus textos, seguindo seu combate, acompanhando-a até mesmo em suas defesas e dores, estou convencida de que Beauvoir não cessa de se corroer com o que diz e com o que não pode dizer, tornando transmissível, se não a verdade do desejo, certamente sua conturbação. Com ela, estamos longe da exibição a que nos submete a pornografia ambiente, mas longe também do recalque racionalista com o qual certos universalistas atuais reforçam suas ambições viris e ridicularizam a diversidade das experiências maternais, por exemplo, como se o parto condenasse a condição feminina à decadência. Se dermos ouvidos a essas autoproclamadas beauvoirianas, poderíamos pensar que seu credo é o seguinte: "Uma mulher é um homem como os outros" – justamente o inverso da frase de Groucho Marx, que clamava: "um homem é uma mulher como as outras". Nada disso é encontrado em Beauvoir. Seu universalismo, cuja origem libidinal enfatizei, é continuamente recomposto.

Isso porque a ambiguidade das denegações, próprias a Beauvoir, não se justifica apenas pelo desenvolvimento social e político que elas lhe permitiram alcançar. Sua perversidade com as mulheres – objeto de seus desejos e de seu ciúme –, sua melancolia – desvelada em *La Femme rompue*[27] – ou a cruel ternura dedicada ao corpo decadente de um Sartre à beira da morte – em *A cerimônia do adeus* – revelam as decepções de uma maternidade não consumada e os pontos fracos da militante. Quase a confissão da diferença sexual.

---

[27] Ed. bras.: *A mulher desiludida*, trad. Helena Silveira e Maryan A. Bon Barbosa, Rio de Janeiro: Nova Fronteira, 2015.

Aquela que provoca medo nos universalistas: a diferença para o melhor e para o pior. A diferença sexual que Beauvoir não coloca como uma exigência política ou filosófica, mas que se perfila em sua experiência existencial do *casal decomposto,* e que ela procurará nas aventuras do *romance político*, que não é o *romance filosófico* de Sartre.

O CASAL HOMEM-MULHER REVISTO E CORRIGIDO

Para além de seus antecedentes gregos, judaicos e cristãos, o casal moderno é fundado pela ideologia burguesa considerada esclarecida, tal como foi forjada pelos filósofos do Iluminismo. É a Rousseau (1712-1778) que devemos seus contornos e valores. *La Nouvelle Héloïse* (1761)[28] descreve uma sociedade e costumes em decomposição, cujas vítimas são Roxane e Saint-Preux. *Émile* (1762)[29], em resposta a essa dissolução, inventa uma nova realidade: um casal no qual o relacionamento sexual, por ser fundado na natureza, é declarado possível.

Para aquilatar melhor o sentido sexual e o alcance social dessa invenção, é preciso colocá-la em perspectiva, isso a partir da reflexão ocorrida nos séculos precedentes a respeito dos costumes, de um lado, e de sua ligação com o poder despótico, de outro. Rousseau deve ser lido à luz de La Boétie (1530-1563) e de seu *Discours de la servitude volontaire*[30], mas também das *Lettres persanes*[31] e de *L'Esprit*

---

[28] Ed. bras.: *Julia ou a nova Heloisa*, trad. Fúlvia M. L. Moretto, Campinas: Hucitec/Unicamp, 1994.
[29] Ed. bras.: *Emilio ou Da Educação*, trad. Roberto Leal Ferreira, São Paulo: Martins Fontes, 2004.
[30] Ed. bras.: *Discurso da servidão voluntária*, trad. Laymert Garcia dos Santos, São Paulo: Brasiliense, 1982.
[31] Ed. bras.: *Cartas persas*, trad. Rosemary C. Abílio, São Paulo: Martins Fontes, 2009.

*des lois*³², de Montesquieu (1689-1755). Nessa perspectiva, o casal rousseauniano parece propor uma alternativa tanto para o gozo sensual, no qual se abole o soberano oriental polígamo, como para sua contraparte, prefigurada pelo declínio do poder monárquico.

Desde o século XVI, e mais precisamente nos séculos XVII e XVIII, o interesse dos autores e do público francês pelos serralhos foi dos mais intensos³³. O senhor do harém parece menos um homem do que um "homúnculo", até mesmo um "homem morto" acuado entre mães tirânicas e eunucos obsequiosos, um homem com um corpo flácido cujo suposto poder fálico não é senão um falso poder diante do grande número de suas mulheres, como o é também na política. Viajantes e filósofos referem-se a esse dispositivo alóctone com complacência, pois identificam nele a arqueologia – senão a própria essência – daquilo que se revela sob seus olhos na sociedade francesa: falência do poder político, carência do relacionamento sexual. Particularidades geográficas, fatos históricos, impasses estruturais? Diante das constatações de uma impossibilidade fantasmática do relacionamento sexual e da crise do poder despótico, o *novo casal* será, em outros termos, a fórmula-milagre destinada a fundar um sujeito biface, responsável por garantir o laço pais-filhos e, simultaneamente, o laço Estado-cidadãos. Já sabemos – e os textos de Rousseau demonstram isso – que essa fórmula não é sustentável; ela não pode ser contestada senão a partir da modalidade da intemperança, da perversão, do crime. A "nova harmonia" que o casal reinventa aparecerá muito rapidamente como "um dispositivo de fachada... [que] esconde um

---

32 Ed. bras.: *O espírito das leis*, trad. Cristina Machado, São Paulo: Martins Fontes, 2000.
33 Cf. Alain Grosrichard, *Structure du sérail: la fiction du despotisme asiatique dans l'Occident classique.* Paris: Seuil, 1979. Cf. Julia Kristeva, *Le Génie féminin*, t. III: Colette, Paris: Fayard, 2002, pp. 421 ss.

inferno de intemperança e perversão"³⁴. Foi sobretudo Sade quem se converteu em arauto dessa inversão do modelo rousseauniano; e Diderot, de modo mais lúcido, mais sensual do que escandaloso, mas não menos perturbador.

De Madame de Staël a Colette e à *Histoire d'O*³⁵, o romance feminino não cessa de colocar em cena a dificuldade do casal burguês. Beauvoir, por sua vez, não desvendou seus impasses, melancolias e ardores eróticos de modo mais audacioso ou original que suas coirmãs. Desde *A convidada*, é o *ciúme* que parece ser o foco principal: uma confissão inconsciente de grandes proporções sobre sua fascinação pelo falo do homem, da qual a mulher custa a se desvencilhar sem a experiência da psicanálise, bem como da homossexualidade feminina invejosa do gozo da outra mulher, a indestrutível rival. E a exclusão da mulher do combate político, que não lhe reserva senão o lugar da ausência, segundo *O sangue dos outros*.

Em resumo, de *A convidada* (1941) a *O sangue dos outros* (1945), que apresenta como epígrafe a citação de Dostoiévski "cada um é responsável por tudo perante todos", como demonstra Danièle Fleury, o tema do íntimo se insinua no da solidariedade que, a partir de então, será dominante, não sem se deixar infiltrar pela confissão dos insucessos e das fraquezas da narradora. Mas o gênero do *romance beauvoiriano* é identificado na interseção entre o íntimo e o político. Revalorizadas pela dialética da luta de morte entre as consciências, as mensagens fluidas da psicologia se desvitalizam sob o fluxo da história – frente popular, pacifismo, ocupação, resistência, colaboracionismo, deportação dos judeus, comunismo, sindicalismo

---

34 *Ibidem*, pp. 221-3.
35 Ed. bras.: *Anne Desclos, História de O*, trad. Maria de Lourdes Nogueira Porto, São Paulo: Brasiliense, 1985. Livro escrito sob o pseudônimo de Pauline Réage. Em outros escritos literários e eróticos, o pseudônimo Dominique Aury também era utilizado. [N.T.]

etc. – e penetram no imaginário com *O sangue dos outros*. Testemunha de seu tempo e da filosofia do engajamento, Beauvoir continua a desconstruir o casal – representado no livro por Blomart e Hélène, mortalmente ferida em uma ação de resistência decidida por Blomart. O sangue dos outros ou o sangue de uma mulher? A liberdade do desejo em *A convidada* e a liberdade do engajamento político agora são pagas com a morte do próximo, sempre a mulher, e, consequentemente, com a morte do casal.

Existe, porém, algo mais: essa superação do intimismo, que poderia se cristalizar em um apelo à repulsão militante e universalista, como pretende a doutrina de um Sartre que declarará *in fine* que a literatura é substancialmente uma neurose à qual convém renunciar, que está ultrapassada. A incansável caminhante que foi Beauvoir não cessará de abrir para si caminhos e laços. O laço absoluto, à maneira do *Cântico dos cânticos*, ou de Rousseau, é questionado? Pouco importa! Ele cederá diante da pluralidade de laços. Sartre permanecerá no polo tutelar; Nelson Algren será associado, mas de longe, para libertar o êxtase do corpo; Claude Lanzmann também; e alguns outros homens. E ela não cessará de escrever sobre si mesma – ou de não escrever, afirmarão os detratores. De qualquer modo, isso não cessará de ser dito com o objetivo de transmitir o seguinte: a responsabilidade parental exige, como postula a carta a respeito de Jacques-Laurent Bost[36] que se referia "ao político".

O que significa exatamente essa vitalidade falante, adaptativa, móvel? Infidelidade? Vício? Manipulação? Abuso dos outros? Perversidade e mentiras histéricas utilizadas como antidepressivos? Talvez. Sem dúvida alguma, Beauvoir se mantém no centro de sua investigação, experimentadora e cobaia, observadora distante, presa dissecada. Ela se poupa tão pouco quanto poupa os outros. Não

---

[36] Jacques Laurent Bost (1916-1990), marido de Olga Kosakiewicz, colunista do jornal satírico *Le Canard enchaîné* e um dos amantes de Simone de Beauvoir. [N.T.]

para nunca sua busca, com sua reflexão que a situa, ou melhor, que a desloca, no mundo mais do que na língua: "Eu não concordo com você", expressão que ela descobre na fala de uma heroína de Colette, Renée Néré, e que a guia em sua própria conexão com o parceiro homem, com exceção, talvez, de Sartre. Beauvoir não contesta Sartre abertamente, mas de outro modo, ao se manter ao lado dele, mesmo quando seu corpo está morrendo, em uma espécie de terna crueldade, e sem fazer disso uma reivindicação, mas reconhecendo sua dívida com a superioridade de seu "querido", esse "homem" do qual ela soube tirar partido, protegendo-o sempre, seguindo seu próprio caminho com uma desarmante sobriedade.

O que existe de mais marcante nessa experiência é que, desconstruído dessa forma, o casal não se estabelece de modo algum como modelo, se bem que exista – e sempre existirão – militantes para seguirem o que acreditam ser seu exemplo. Sartre e Beauvoir exibiram a impossibilidade da união homem-mulher, com a preocupação, e além dela, de manter o laço de um reconhecimento e de uma estima entre indivíduos autônomos, e também uma extrema polidez, que é a preocupação com a integridade física do outro, bem como com seu trabalho, que inclui desde um olhar cáustico até uma palavra que emociona. Conexão de pensamento, troca de ideias para além desse acordo e desacordo erótico: a seu modo, o casal é um debate.

Depois de Sartre e Beauvoir, o amor louco e a exaltação passional, celebrados pelos surrealistas e, de outro modo, por místicos como Georges Bataille, foram relegados aos arquivos da história, à frivolidade, às miragens da regressão narcísica. Esses dois desagregaram definitivamente a religião, pois ambos minaram o idílio do casal do qual a sociedade do espetáculo ainda se alimenta, e as imagens comprovam isso. O casal desagregado à vista de todos? Talvez, não verdadeiramente, com não ditos, censuras e vítimas. Mas vocês conhecem outros que se mostram assim em plena luz? Sim? No *hard sex*, no crime, talvez.

Nessa exibição do casal possível no impossível, vejo não um heroísmo, mas uma generosidade. É a palavra que convém à arte de viver que mantém aos olhos do mundo – e como uma resistência contra essa deflagração dos laços que se denomina totalitarismo ou terrorismo – a possibilidade de um diálogo entre dois indivíduos autônomos, com o sexo e para além dele. Não o casal rousseauniano como base do poder do Estado e da procriação, mas o casal como diálogo nuclear, como espaço de pensamento. É incerto, é arriscado, requer muita inteligência para que a liberdade não se converta irremediavelmente em uma via para o assassinato. O casal como espaço de pensamento ou o pensamento como diálogo entre os dois sexos: não se trata de uma utopia, no sentido amplo do termo? O universal, a fraternidade, todos os mitos de coesão identitária, autóctone e grupal se cindem em dois. Quantos dentre nós são capazes hoje dessa estima, desse desacordo, dessa generosidade que se eternizam no tempo, e são capazes também de refletir sobre isso?

PARA QUE SERVE O ROMANCE?

Enquanto em *Les Mots*[37] Sartre termina fazendo das "palavras" um foco privilegiado de sua atenção, antes de remeter as artes literárias à neurose, Simone de Beauvoir não parece perceber que o pensamento, o engajamento, a própria vida e, acima de tudo, a escrita são obras da linguagem. Suas cartas volúveis, com a interminável acumulação de detalhes cujo interesse ela parece saborear e que hoje nos escapa, com as quais ela saturava sem reservas seus destinatários (Nelson Algren ou Olga Kosakiewicz, por exemplo, que

---

[37] Ed. bras.: *As palavras*, trad. J. Guinsburg, 6. ed., Rio de Janeiro: Nova Fronteira, 1990.

não necessariamente demandavam saber muito sobre sua intimidade com Sartre), são essas cartas de fato feitas de palavras? Ou de uma incompressível pulsão verbal que nada consegue conter, assim como nada podia deter o frenesi da caminhante que devorava os espaços? Uma insaciável curiosidade de aluna iniciante, eterna moça que conquista sua liberdade assimilando à perfeição a escrita e a filosofia. E que se serve delas como se fossem automatismos, não sem chegar, entretanto, a levar sempre mais adiante a investigação de si e a busca da liberdade. As raras observações de Beauvoir sobre a arte da palavra e da escrita revelam refinamentos de inteligência, mas jamais uma preocupação essencial pelo que se convencionou chamar de "forma". Se seu interesse é atraído por uma virtuose da língua francesa como Colette, por exemplo, busca-se em vão na admiração da filósofa um reconhecimento de Colette como artesã de uma das mais belas prosas poéticas francesas. "Se Colette é, antes de mais nada, uma grande escritora", Beauvoir tem pressa de se livrar dela e saudá-la como uma mulher combativa que soube fazer de "sua pena um ganha-pão". E de detectar as liberdades que a Colette narradora toma com as moças e as pessoas jovens, sua "espontaneidade", sua "mãe equilibrada e generosa" – sem suspeitar da projeção da escritora sobre seu modelo, antes de se tornar antropóloga, para lamentar que, embora desenvolvesse um "amor atento" à natureza, Colette seria, como Katherine Mansfield e as mulheres em geral, incapaz de perceber a natureza em sua "liberdade inumana", em sua incapacidade de contestar a "condição humana", jamais, ou dificilmente, assumida por uma mulher! *Fora* com a monstruosa Colette, ao mesmo tempo que sua arte, suas complexidades, seus abismos!

Antes mesmo que a crítica se desse conta do estilo erudito da *Sartreuse*, uma espécie de Sartre de saias, o próprio Sartre concordou, desde as primeiras observações de Brice Parain, "parecerista" de *A convidada* na editora Gallimard: é "seu" estilo comum que será avaliado, mal compreendido e taxado de "descuidado", "filosófico", repleto de jargões", "tendencioso", "mas é verdade que essa forma de falar é nossa"[38].

Assim urdido, o romance de Beauvoir, se é que ele pode ser considerado um estilo, parece para sua autora uma reconstrução de si, uma autoanálise, uma mensagem social mais do que uma "obra de arte". Modéstia daquela que não poderia rivalizar com uma Virginia Woolf ou uma Colette, e que sabe disso, mas não gostaria de rivalizar? Certamente. Mas os romances de Beauvoir são também as decisões de uma filósofa, de uma mulher de seu século: são decisões da *existência* contra o *Ser*. Inteiramente contra. Como uma caminhada sobre uma balaustrada que separa e protege do abismo. No contexto da literatura francesa, que há séculos tem se superado na sofisticação das formas, transmutadas por sua vez em conteúdo, e, mais ainda, no contexto formalista do *nouveau roman* e do estruturalismo, os calhamaços de Simone de Beauvoir tinham poucas chances de seduzir o público "badalado". Apesar do Prêmio Goncourt, recebido por *Os mandarins*[39], o panteão das artes literárias não se abriu para ela; seus romances "fazem parte" da obra da "grande intelectual". Mas na atualidade eles se impõem como uma justificativa de seu pensamento, do qual são indissociáveis.

Com Beauvoir, o romance constitui um ato de afirmação existencial pelo qual o insuportável do íntimo se transmuta em desafio político. Nesses tempos obscuros que atravessamos, tenho a convicção de que esse gênero híbrido, no qual Beauvoir arriscou sua intimidade, não apenas remonta às origens do romance como texto dialógico e polifônico, mas que seus riscos e seus equívocos são salutares diante do isolamento do romance francês na autoficção e no narcisismo complacente, que seria sua substância. Foi pelo

---

38 Jean-Paul Sartre, *Lettres au Castor*, t. II, 1940-1963, Paris: Gallimard, 1983, p. 216.
39 O prêmio lhe foi outorgado em 1954. [N.T.]

caminho da ficção, de seus dizeres parciais, de seus deslocamentos, que Beauvoir manifestou uma outra faceta de sua generosa vitalidade: sua capacidade de encarnar uma filosofia política da liberdade no microcosmo do íntimo.

A astúcia principal da ficção política não tornou inoperante o universalismo da filósofa ao explorar – para muito além da diferença sexual e de uma moral da ambiguidade – incomensuráveis singularidades, as suas, as nossas? E se foi essa sua fraqueza teórica, sua aventura como romancista, que a preservou do ridículo que outros acreditaram adequado assumir depois dela, de se assumir como líder de um grupo, movimento ou seita feminista? A mulher desiludida se faz presente nas mulheres que seus romances revelam, que destroem sua imagem de ícone feminista, mas inscrevem *O segundo sexo* na irredutibilidade de cada uma, de cada um. E fazem isso muito mais do que um mito: um convite para singularizar o político e politizar o singular. Nessa experiência, cuja falta de urgência sentimos hoje, Beauvoir permanece única, excepcional, inigualável.

O SEGUNDO SEXO, SESSENTA ANOS DEPOIS

Obra publicada em 1949, *O segundo sexo* é hoje uma jovem mulher de sessenta anos que provocou escândalo, mas também fez escola: ela marca uma etapa decisiva da emancipação feminina e continua a acelerá-la.

Vamos tentar retornar àquele ano de 1949. O mundo mal acabara de tratar as feridas da Segunda Guerra Mundial quando uma aristocrata francesa, de educação católica e costumes libertários, dotada de determinação filosófica, de talento pedagógico e de um estilo comunicativo, anuncia aos leitores estupefatos que o segundo sexo é livre. É claro que ela logo antecipa que "a mulher livre está apenas nascendo"[40]. Esse ainda é o cenário nos dias atuais, mas já constitui um fenômeno mundial que não para de produzir seus efeitos. Trata-se de uma verdadeira revolução antropológica: ressalto "revolução antropológica" porque, além da livre escolha da maternidade e do direito à paridade social, econômica e política, essa revolução é uma nova maneira de assegurar a continuidade da espécie humana, que se expressa aqui acompanhada de uma corajosa definição da transcendência como liberdade. O que será da humanidade se o nascimento, a liberdade e o espetáculo estiverem nas mãos das

---

[40] Simone de Beauvoir, *Le Deuxième sexe*, t. II, *op. cit.*, p. 641.

mulheres? Obscurantistas, fundamentalistas e puritanos de todos os lados se amedrontam com isso e esbravejam diante do escândalo. E se o futuro, desse modo aberto, – com seus riscos – também acolhesse e propusesse novas oportunidades?

Essa revolução antropológica se preparava desde os tempos antigos: as sufragistas inglesas a tinham inscrito em sua agenda política e, depois de Maio de 1968, os movimentos feministas iriam aprofundá-la. Graças à experiência e à escrita de Simone de Beauvoir, ela toma consciência de sua amplitude e passa a envolver o planeta.

Nascida em 1908 e falecida em 1986, Simone de Beauvoir, em 1949, é uma filósofa e escritora reconhecida que provoca escândalo: ela já publicara *L'Invitée*, *Pyrrhus et Cinéas*[41], *Sang des autres*, *Les Bouches inutiles*[42] (As bocas inúteis), *Tous les hommes sont mortels*[43], *Pour une morale de l'ambiguïté*[44], *L'Amérique au jour le jour*[45] (A América no dia a dia). Com Sartre, e na esteira do existencialismo que então nascia e cuja gênese íntima ela descreverá em *Os mandarins* (1954), Beauvoir persegue uma experiência política e pessoal, assim como um pensamento filosófico cujo tema central e objetivo absoluto é a liberdade, que ela compreende como uma "revolta" e um "não consentimento". É importante insistir nisso nos dias atuais, nesse começo de terceiro milênio, no qual as expressões "liberdade", "revolta" e "não consentimento" tendem a desaparecer em prol de termos que refletem o mundo globalizado: medo, segurança, adaptação ou integração.

---

41 Paris: Gallimard, 1944. [Ed. bras.: *Por uma moral da ambiguidade*, seguido de *Pirro e Cineias*, trad. Marcelo Jacques de Moraes, Rio de Janeiro: Nova Fronteira, 2005.]
42 Paris: Gallimard, 1945.
43 Paris: Gallimard, 1946. [Ed. bras.: *Todos os homens são mortais*, trad. Sérgio Milliet, Rio de Janeiro: Nova Fronteira, 1983.]
44 Paris: Gallimard, 1947. [Ed. bras.: *Para uma moral da ambiguidade*, trad. Ana Maria de Vasconcellos, Rio de Janeiro: Paz e Terra, 1970.]
45 Paris: Gallimard, 1947.

A "liberdade" está no centro da vida e da obra daquela que a imprensa hostil desdenhosamente denomina a "Sartreuse". A liberdade de Madame Roland, que sabia que "muitos crimes são cometidos em seu nome", cujos riscos Simone de Beauvoir explicita em *Para uma moral da ambiguidade*: ela aponta a fascinação dos existencialistas pelo comunismo, com o qual, porém, eles estão em desacordo. Mas, em todo caso, liberdade antes de mais nada e a qualquer preço: para Simone de Beauvoir, a liberdade permanece a estrela inextinguível que não cessa de conduzir a pesquisa filosófica desde Sócrates. Ela inspira as mais sublimes dimensões do pensamento cristão com Pascal, para quem o homem é mais nobre do que o universo que o aniquila, porque ele sabe que é mortal, enquanto o universo não sabe disso. Ela arde nos corpos e mentes dos iluministas, e forja o estilo da grande literatura europeia. Ela se anima, enfim, com a dialética de Hegel e se estende até a fenomenologia moderna, na qual o existencialismo se apoia. Múltiplas referências e experiências ressoam na obra dessa autora de 40 anos quando ela começa a escrever *O segundo sexo*. Seus primeiros romances retratam os conflitos impiedosos que as mulheres vivem (ciúme, abandono, solidão, violências, múltiplas injustiças) para se libertarem de sua condição de inferiores e humilhadas. A questão que a preocupa não é tanto "O que é uma mulher?", mas, sim, "Como eu posso ser livre?". Jamais será suficiente afirmar que Beauvoir é a herdeira do que a filosofia grega, a teologia cristã e a filosofia moderna têm de mais precioso: o culto ao indivíduo livre, ao sujeito conquistador de si mesmo e do mundo por meio de sua própria vontade, cuja universalidade a autora não questiona.

A abordagem de Beauvoir é totalmente libertária, e isso muito antes de ela ter sido reconhecida e cooptada como feminista. Tal abordagem consiste em "não consentir" e, em lugar de se resignar ao mundo, impor sua vontade pelo poder da consciência lúcida e revoltada que ela admira nos filósofos, em especial em Sartre. É esse poder da liberdade pela superação de si que ela denomina "uma transcendência" e que esculpe infatigavelmente seu Eu. Em seu entender, a transcendência salva nossa condição de sua finitude e é por isso, como afirmará na introdução de *O segundo sexo*, que ela representa o "sentido moderno da felicidade"[46].

Como compreender essa liberdade como não consentimento e como transcendência de si? Isso não seria a ambição de exercer uma dominação simbólica sobre os outros? O amor desmedido do poder fálico a ser cultivado em si? Muitos afirmarão isso. Para Beauvoir, esse "poder de se transcender" para se "libertar" é sempre universal. A partir daí, surge então para ela o mecanismo que orienta esse "Eu" na busca da liberdade infinita para a condição de todas as mulheres e que fará de *O segundo sexo* a bíblia do feminismo?

Estamos em 1947. Simone de Beauvoir descobre *L'Âge de l'homme*[47] (A idade viril), de Michel Leiris: "Eu gostava muito desses ensaios-mártires nos quais as pessoas se explicam sem subterfúgios. Comecei a sonhar com eles, a tomar notas, e falei com Sartre". O próprio Sartre formula uma nova problemática e pergunta a Simone: "O que significou para você ser mulher? De qualquer modo, é preciso olhar isso com mais atenção, você não foi criada como um menino?"[48].

O que Simone de Beauvoir não revela aqui, e que iremos saber apenas após sua morte, com a publicação, em 1997, de sua correspondência com Nelson Algren, é que à provocação involuntária de

---

46 Cf. Julia Kristeva, "Y a-t-il un génie féminin?", em: *Le Génie féminin*, t. III, *op. cit.*, pp. 537-66.
47 Paris: Gallimard, 1946. [Ed. bras.: *A idade viril*, trad. Paulo Neves, São Paulo: Cosac Naify, 2003.]
48 Simone de Beauvoir, *La Force des choses*, Paris: Gallimard, 1963, 1972, p. 135. [Ed. bras.: *A força das coisas*, trad. Maria Helena Franco Martins, 2. ed., Rio de Janeiro: Nova Fronteira, 2010.]

Leiris e à provocação inteiramente voluntária de Sartre se acrescenta a ligação de Beauvoir com Nelson Algren. Na verdade, enquanto Sartre mantém uma relação amorosa com Dolorès Vanetti, ela, por sua vez, vive uma paixão incomum com o escritor americano, "um jovem local", pontua ela, proletário das letras que vive em uma casa muito simples, sem banheiro, em algum lugar de Chicago[49], que lhe revela completamente sua sensualidade erótica de mulher. De 1947 a 1950, ela permanece ao lado de Sartre, que lhe permite "transcender-se" por meio da plenitude da criação intelectual, política e literária, embora persuadida de que seu "lugar verdadeiro e acolhedor" é "contrário ao coração afetuoso" de seu amante americano.

É exatamente no meio dessa explosão amorosa, na qual ela descobre o paroxismo do que o gozo feminino quer dizer, que Simone de Beauvoir empilha as páginas de *O segundo sexo*: distanciando-se de seus atrativos passionais, que ela experimenta com todo o seu ser, mas reprovando as mulheres por consenti-los e se submeterem a eles, ela se esquiva da tentação da vida conjugal e da maternidade esboçadas por Algren.

Ao abandoná-lo, a filósofa toma a decisão de se vincular unicamente à "transcendência", que ela conjuga no presente (com Sartre, Beauvoir se confessa indiferente à posteridade), em "situação" com seus contemporâneos na realidade política e intelectual de Paris: "Eu não podia viver apenas de felicidade e de amor, não podia renunciar a escrever e a trabalhar no único lugar do mundo em que meus livros e meu trabalho têm um sentido"[50], escreve ela a Algren, em 26 de setembro de 1947.

Aplaude-se a firmeza do que se pode muito bem denominar um "engajamento" na "superação de si", um sinônimo de liberdade.

---

49 *Ibidem*, p. 177.
50 *Idem, Lettres à Nelson Algren: un amour transatlantique, 1947-1964, op. cit.*, p. 69.

Beauvoir o pratica com a determinação e o sofrimento de uma mística como Teresa d'Ávila, cuja obra ela comentará com bastante admiração no final de *O segundo sexo*, mas a contesta nos seguintes termos: "Ela não se evade de sua subjetividade; sua liberdade permanece mistificada; não existe senão uma maneira de aceitá-la autenticamente; é projetá-la na sociedade humana mediante uma ação positiva"[51]. É exatamente esse culto à liberdade, cuja realização ela persegue no mundo real – nem na aspiração a um além-mundo nem nas clausuras do Carmelo[52], mas no espaço social, político e cultural da modernidade –, que Simone de Beauvoir lega a todas as mulheres.

Inaugurado dessa forma, o "feminismo" passou por dois apogeus. O primeiro foi a conquista da liberdade da contracepção, do aborto e, consequentemente, da maternidade como escolha e não como destino imposto. O outro foi o acesso massivo das mulheres ao domínio dos saberes, das expertises e das artes, bem como aos postos mais elevados da responsabilidade política. Ainda que não suficientemente desenvolvidos, mesmo nas democracias modernas, doravante esses avanços estão inscritos na legislação internacional. Mas a luta por sua aplicação prossegue na Europa e em outros continentes (penso nos combates em prol da igualdade de remuneração e da paridade, contra as violências conjugais – físicas e morais – e na livre escolha da maternidade, que permanecem sempre como desafios tangíveis).

Criado em 2008 por ocasião do centenário de seu nascimento, o Prêmio Simone de Beauvoir foi outorgado a Taslima Nasreen e a Ayaan Hirsi Ali, que lutam pelos direitos das mulheres diante

---

[51] *Idem*, *Le Deuxième sexe*, t. II, *op. cit.*, p. 593.
[52] Segundo a *Bíblia*, o Monte Carmelo seria a origem da Ordem dos Carmelitas, local de duelos espirituais entre o profeta Elias e os profetas de Baal. [N.T.]

do fundamentalismo islâmico, e, em 2009, à poeta iraniana Simin Behbahani[53]. Dediquei a Simone de Beauvoir meu tríptico *O gênio feminino, a vida, a loucura, as palavras*, consagrado a três mulheres cuja obra esclarece e fecunda o século XX: Hannah Arendt, Melanie Klein e Colette[54], que souberam afirmar sua liberdade e contribuir para a nossa nos domínios da filosofia política, da psicanálise e da literatura.

É com esse sentimento de dívida com a obra de Simone de Beauvoir que considero necessário retomar nos dias atuais questões cruciais que a metafísica libertária de *O segundo sexo* explicitou, mas que cabe a nós aprofundar e, por vezes, modificar – à luz dos novos saberes, das mudanças sociais e do aprofundamento da própria experiência feminina. Examinarei três temas centrais de *O segundo sexo*: a liberdade individual na condição coletiva, a maternidade e a transcendência.

O SUJEITO E A CONDIÇÃO: QUAL FELICIDADE?

Uma tensão permanente entre o individual *e* o coletivo, entre o "Eu" singular de uma mulher *e* a condição comunitária de "todas as mulheres", estrutura *O segundo sexo*. Em todas as suas etapas na história recente, é a libertação do grupo (da comunidade) das mulheres em sua totalidade que era buscada: nesse aspecto, as feministas partilham as ambições totalizantes dos movimentos libertários oriundos da filosofia dos iluministas e, mais anterior a elas, da dissolução do continente religioso, que prometia realizar a felicidade de todos na Terra. Na Europa e na América do Norte, o próprio feminismo não escapou desses excessos e se esclerosou em um

---

[53] Sobre o prêmio Simone de Beauvoir, cf. "A liberdade se tornou possível: a que preço?", pp. 93-4.
[54] Julia Kristeva, "Y a-t-il un génie féminin?", em: *Le Génie féminin*, t. III, *op. cit.*, pp. 539-44.

militantismo que, ao ignorar a singularidade dos indivíduos, acreditou que seria possível aprisionar todas as mulheres, assim como todos os proletários do terceiro mundo, em uma reivindicação tão radical quanto desesperada.

O segundo sexo, no entanto, está longe de subestimar o "sujeito" ou o "indivíduo" que existe na mulher e que "experimenta uma necessidade indefinida de se transcender". A obra é recheada de perfis de mulheres "sujeitos" ou "indivíduos" exemplares por seu gênio: Teresa d'Ávila ou Colette, Mademoiselle de Gournay ou Théroigne de Méricourt[55]. Com uma impertinência sem precedentes, Beauvoir se defronta com as representações míticas ou literárias, inclusive as dos monstros sagrados da literatura francesa. Trata-se de "esvaziar seu mito do Eterno Feminino" ou da "Mulher". Simone de Beauvoir devora as obras de Henri de Montherlant, Paul Claudel, Henri Breton ou Stendhal: infatigável, lúcida, destacando o essencial e esmiuçando o detalhe que toca seu coração. Assim, sobre Montherlant, ela afirma: "Ele não pulveriza o ídolo, ele o converte em monstro"[56]. Sobre Claudel: "o homem doa sua atividade, a mulher doa sua pessoa; santificar essa hierarquia em nome da vontade divina não é modificá-la em nada, mas, ao contrário, é querer imobilizá-la no eterno"[57]. Finalmente, sobre Breton, é "exclusivamente como poesia, portanto como *outro*, que a mulher é encarada"[58]. Apenas Stendhal é visto de maneira positiva: "Ele tentou algo mais raro e que nenhum outro romancista, creio eu, jamais se propôs a fazer: ele mesmo se projetou em um personagem de mulher"[59].

---

55 *Idem, La Haine et le pardon,* Paris: Fayard, 2005, pp. 206-8.
56 Simone de Beauvoir, *Le Deuxième sexe,* t. I, *op. cit.,* p. 324.
57 *Ibidem,* p. 366.
58 *Ibidem,* p. 378.
59 *Ibidem,* p. 388.

As "condições" sexuais e econômicas ainda entravam a emancipação das mulheres, e a era mundial, que se inaugurou depois dos tempos modernos, anuncia-se petrificada por conservadorismos e arcaísmos. Em vista disso, não é certeza que o "conflito" entre a condição de todas e a livre realização de cada uma possa ser regulado se nos preocuparmos apenas com a "condição", subestimando o "sujeito", a chance indecidível dessa *singularidade* que um filósofo da Idade Média, Duns Escoto (1266-1308), e seus sucessores denominavam uma "ipseidade" (do latim "ipse": "esse homem" e "essa mulher"), e que seria mais "verdadeira" do que a "ideia" abstrata ou do que a "matéria" opaca. Arendt, Klein, Colette – e tantas outras – não esperaram que a "condição feminina" amadurecesse para realizar sua liberdade: o "gênio" não é precisamente esse caminho que se efetiva através e além da "situação"? Essa é a razão pela qual eu me defino como "escotista" mais do que "feminista" e consagro minha trilogia sobre o *gênio feminino* à experiência singular dessas mulheres singulares.

Para além de nossas divergências, tenho também a convicção de retomar e desenvolver uma ideia essencial de *O segundo sexo*: como, na condição feminina, o ser de uma mulher pode se realizar e concretizar sua chance individual em termos de liberdade, que é o sentido moderno da felicidade?[60].

O DESTINO BIOLÓGICO E A LIVRE REALIZAÇÃO

"Ninguém nasce mulher, torna-se mulher."[61] Diante dos avanços da biologia (somos geneticamente programadas antes mesmo do nascimento), pode-se ainda afirmar que "ninguém nasce mulher"? Beauvoir chegou a tempo para desbiologizar a mulher e, ao situá-la

---

60 Julia Kristeva, *La Haine et le pardon*, op. cit., pp. 208-9.
61 Simone de Beauvoir, *Le Deuxième sexe*, t. II, op. cit., p. 13.

na história das sociedades patriarcais que fizeram dela um "objeto", a filósofa a elevou ao nível de "sujeito". O mínimo que se pode dizer é que essa batalha está longe de ser vencida, pois está ameaçada por uma dupla pressão: de um lado, pela maternidade desvalorizada pela autora de *O segundo sexo* e por grande parte das feministas; e, de outro, por uma maternidade reduzida pelo biologismo a um "instinto" da espécie. Em tempos de crise, a lógica da globalização favorece a corrida para o parto como "investimento seguro", quando não é utilizado como um "antidepressivo" para muitos de nossos contemporâneos, mulheres e homens, heterossexuais ou homossexuais.

Ao liberar as mulheres da condição biológica na qual diversas sociedades se empenham em enquadrá-la (as democracias avançadas tentam com dificuldade constituir exceção a essa regra), Simone de Beauvoir traça uma visão naturalista e vitimizadora da maternidade. Alienação para a mãe, vítima da imposição de partos repetidos; maternidade trágica que se abate sobre a criança, refém da depressão e da loucura maternas. Hoje, a livre escolha da maternidade, que se tornou possível graças a Simone de Beauvoir, nos permite sair do esquema beauvoiriano, portador dos estigmas de suas angústias pessoais.

Antes que o útero artificial se convertesse em moeda corrente, o "destino biológico" fez das mulheres mães da humanidade, e esse destino "de nascença" pode e começa a ser vivido como um "engajamento" (para empregar o termo existencialista) biológico e, mais do que isso: como uma criação singular para cada mulher que a escolhe. "Nós" nascemos mulher (o "organismo" é impessoal, embora o embrião se diferencie antes de fixar o sexo cromossômico, e o processo de subjetivação esteja em curso por meio das trocas hormonais e também infralinguísticas com a mãe muito antes do nascimento). Mas o "eu" torna-se "sujeito" progressivamente, continuamente, depois do nascimento. Beauvoir auscultava a duplicidade da experiência feminina ("se" impessoal biológico/"eu" que se cria no encontro com o outro), mas excluía as mães dessa criatividade, restringindo-as (como certas tradições que ela combatia) em uma função meramente orgânica.

Ao contrário: "eu", mulher, me construo, me crio, me invento – "eu" me "transcendo" – a partir dessa duplicidade entre a biologia e o sentido, que "eu" vivencio de maneira mais complexa do que o homem. "Eu" também me crio nessa e por meio dessa arte-ciência-sabedoria que é a maternidade. Mulher amante, mulher mãe, mulher que exerce uma atividade: a liberdade do feminino se constrói nessa polifonia.

A psicanálise jamais apoiou a ideia de que a maternidade fosse um instinto. Freud reconhecia a pulsão de vida e a pulsão de morte, e as mulheres que se transformam em mães são sua representação teatral, como os homens e diferente deles, com seus filhos, com os pais dessas crianças e com qualquer outra pessoa com a qual seus desejos e palavras se confrontam. Para a psicanálise, a experiência materna é uma construção cultural e, para mim, a construção cultural por excelência, que nos recoloca na aurora da hominização, lugar onde a biologia se aproxima do surgimento desse primeiro outro que é a criança.

Efetivamente, mais do que o parceiro sexual ou amoroso, *meu semelhante*, *meu irmão*, meu duplo no amor até a morte, e no ajuste de contas passional, ou trivial, para a mãe (e muito antes de que o pai a reconheça ou a adote como sua) é a criança quem deve e pode se tornar um outro para ser ele mesmo. Não uma parte de mim, um pedaço que posso congelar, matar ou (na melhor das hipóteses) "convencer" a realizar os projetos que eu mesma imaginei para mim e que não deram mais ou menos em nada. Mas alguém de quem eu respeito a singularidade, ou seja, a vida biológica para começar e, sobretudo, a biografia, a história pessoal. Eu a acompanho em seu devir de sujeito, pois valorizo sua diferença, tento estimular nela sua unicidade: mesmo que ela me ultrapasse, me fira ou me surpreenda, pois apenas assim ela me liberta. Como é possível essa alquimia da maternidade que a religião considerou como o "milagre da natalidade"?

Nesse ponto, retomo o projeto libertário de Beauvoir e, sem me opor a ele, acrescento um outro. Não me reconheço em seu desgosto pelo lado "orgânico" do corpo, da natureza clivada da lucidez libertária, atribuída unicamente à consciência julgadora (que, à sua maneira, Simone de Beauvoir compartilha com Sartre, o qual, em *La Nausée*[62], por exemplo, confessa-se decepcionado com a "contingência" dos polvos e das raízes). Recuso a oposição que ela faz entre o corpo feminino desejante, percebido como "coisa opaca e alienada"[63], "pântano no qual insetos e crianças encalham"[64], e essa idealização da masculinidade fálica que considera o sexo do homem "limpo e simples como um dedo"[65].

A subjetividade humana é uma perpétua conjunção, um desenraizamento e uma negociação com o corpo e/ou com a biologia, da qual a experiência sexual é o paroxismo "antigo desacordo com o corpo", segundo a impressionante frase de Mallarmé[66]. O nascimento – e hoje o "projeto" de "dar à luz" – é um *começo*, um *autocomeço*, ao mesmo tempo que o começo de um outro que não sou eu. A maternidade é esse perpétuo renascimento no qual a genitora se reconstrói como mãe e não cessa de começar essa série de "começos", ou de "etapas", que denominamos uma vida. Esse não é o ato de liberdade mais radical que existe? Retomo aqui a concepção de liberdade segundo Hannah Arendt, que a descreve, com ênfases agostinianas, não como revolta, guerra, transgressão ou não consentimento (o que incontestavelmente a liberdade também é), mas como começo, autocomeço: "Essa liberdade é idêntica pelo fato de que os homens existem porque nasceram, e por isso cada um deles é um novo começo, começo no sentido

---

[62] Ed. bras.: *A náusea*, trad. Rita Braga, Rio de Janeiro: Nova Fronteira, 2015.
[63] Simone de Beauvoir, *Le Deuxième sexe*, t. I, *op. cit.*, p. 68.
[64] *Ibidem*, t. II, p. 165.
[65] *Ibidem*.
[66] Stéphane Mallarmé, "Cantique de saint Jean", em: *Œuvres complètes*, t. I, Paris: Gallimard, 1998, p. 49.

de um mundo novo". Ao contrário disso, o terror elimina exatamente "a própria fonte da liberdade que o nascimento confere ao homem e que reside na capacidade que ele tem de ser um novo começo"[67].

Com exceção da muito enigmática "mãe suficientemente boa" de Winnicott[68], não sabemos como uma mãe se constrói superando a genitora que ela é. Como o cuidado materno abre para ela, e para esse primeiro "outro", que é o filho, o campo dessa criatividade que se denomina um pensamento – da mãe com o filho e do próprio filho? Esse pensamento a dois, tão específico, implica a transmissão do sensível, da linguagem, da arte de viver, do tempo dos começos (ou das gerações). Seu tempo não é apenas o tempo da "preocupação" nem do "desejo de morte", no qual o discurso dos filósofos se sobressai; ele habita também, e sobretudo, o tempo das "eclosões", escreveu Colette. Não possuímos filosofia nem mesmo conhecimentos empíricos suficientes a respeito dessa "paixão maternal" que favorece – ou freia – a eclosão do pensamento no corpo vivo. Esse é o vazio com o qual nossa civilização tem se confrontado, e constatamos isso muito bem tanto nos adolescentes anoréxicos e toxicômanos dos bairros abastados como nos incendiários de carros e bens públicos nas ZEP (Zonas Especiais de Proteção).

A revolução antropológica que a livre escolha da maternidade representa prolonga-se nas proezas da ciência, doravante capaz de gerar a gestação e a filiação. Para o melhor e para o pior, o corpo feminino torna-se a cobaia da técnica médica que enaltece o "desejo de ter um filho". A menos que uma outra "libertação das mulheres", atenta à paixão materna, à tríade (pai-mãe-filho) e a seu papel

---

67 Hannah Arendt, *Les Origines du totalitarisme*, t. III: *Le Système totalitaire*, trad. J.-L. Bourget, R. Davreu et P. Lévy, Paris: Le Seuil, 1972, p. 212. [Ed. bras.: *As origens do totalitarismo*, trad. Roberto Raposo, São Paulo: Companhia das Letras, 2012.]
68 D. W. Winnicott, "La Mère normalement dévouée", em: *La Mère suffisamment bonne*, Paris: Petite Bibliothèque Payot, 2006.

estruturante para o filho, contribua para a emergência de uma nova ética da filiação. O mínimo que se pode dizer é que a atualidade não favorece de modo algum essa hipótese. Uma vez que a PMA (Procriação Médica Assistida) e a GPA (Gestação Por Outros) não podem ser reguladas por interditos nem banalizadas por leis para todos, é necessário problematizá-las, a fim de evitar a mercantilização da criança, deixando – nesse domínio também – a liberdade de escolha e não barrando o caminho para as novas formas de parentalidade. Antes de fazer – ou de não fazer – leis, é preciso criar fóruns em prol de uma nova *filosofia da maternidade*, da parentalidade. Desde o início da escolha da maternidade, entre a origem (orgânica) e o encontro com o outro (que faz sentido), entre o destino biológico e a criação do laço, a paixão maternal não é a mais biológica das experiências humanas: ela comporta uma parte de adoção permanente da nova pessoa, que não cessa de nascer ao longo de toda sua vida. Se a maternidade é uma das paixões mais dramáticas e extraordinárias que existe, isso é justamente pelo fato de se situar nas fronteiras da biologia e do sentido, da origem e da alteridade, da matriz e da adoção. A genitora não é necessariamente uma boa mãe, mas existem excelentes mães que não são genitoras[69]. Quem pode ignorar os riscos desses caminhos da liberdade abertos por Beauvoir? Eles exigem, mais do que nunca, vigilância e religação.

---

[69] Cf. Julia Kristeva, "La Passion maternelle et son sens aujourd'hui" e "Guerre et paix des sexes", em: *Seule une femme*, Paris: Éditions de l'Aube, 2007, pp. 170-82 e 183-218; e "L'Érotisme maternel", em: *Pulsions du temps*, Paris: Fayard, 2013, pp. 197-214.

OS CAMINHOS DA TRANSCENDÊNCIA

O polo para o qual está voltado o desejo de transcendência que inspira *O segundo sexo* é o indivíduo macho, em particular aquele que Simone admira acima de tudo: o filósofo. O livro começa defendendo a ideia de que a liberdade das mulheres é um direito de igualdade com os homens. A filósofa quer livrar a mulher do estatuto de inferioridade que a obriga a ser o *outro* do homem sem ter o direito, nem a oportunidade, de se construir como *outro*. A igualdade dos sexos reivindicada pela existencialista se inscreve filosoficamente sob o regime do universal, cuja genealogia remonta à Ideia platônica, aos ideais republicanos do Homem Universal, tão caros aos iluministas franceses. A psicanálise nos revela que esse "universal" se expressa na redução dos corpos sensíveis e das diferenças singulares ao Um e ao Homem Universal, e que essa construção filosófica subentende o culto ao falo.

Suas amigas feministas não deixaram de perceber que, para Beauvoir, o Um ou o Homem Universal se cristalizam no culto ao Grande Homem: com ambivalência, agressividade e dependência. E que ele espera *A cerimônia do adeus* (1981) para desmoronar na fria ternura de uma narrativa incisiva, em um rasgo de vingança dirigida ao mestre do pensamento. Beauvoir não se aventura tampouco a pensar que a "vocação" de Sartre pelos "amores contingentes" dissimula a insustentável dependência erótica do *Impossible Monsieur Bébé*[70], que se oculta sob a soberba de seu "querido filósofo". O lamento beauvoiriano sobre as "mulheres traídas" de seus romances, muito antes que ela confesse ser um lamento para si mesma, parece

---

[70] Julia Kristeva se refere ao famoso filme de Howard Hawks, *Bring up baby* (1938), estrelado por Cary Grant e Katharine Hepburn. No roteiro, David Huxley (Cary Grant) é um paleontólogo com casamento marcado que, ao conhecer Susan (Katharine Hepburn), uma herdeira inconsequente, decide se casar com ela, criando uma série interminável de problemas. No Brasil, o longa foi intitulado *Levada da breca*. [N.T.]

distante do desapaixonamento psicanalítico que se espera daquela que havia feito de uma psicanalista (Anne) a heroína de *Os mandarins*; mas igualmente distante da ironia de uma Colette que gracejava sobre "esse grande e belo amor"[71] e esses "homens que os outros homens chamam de grandes"[72]!

Essa heroicização do macho e a aspiração à fraternidade com ele revelam a bissexualidade psíquica de Beauvoir (o "hermafroditismo mental", segundo Colette), necessária a qualquer criação. Embora a homossexualidade feminina esteja indubitavelmente presente nas relações sexuais da filósofa, trata-se ainda de um não consentimento à norma, mesmo a homossexual, que ela busca definitivamente na realização de seus desejos. Com a ligação erótica, através da ligação erótica, além da ligação erótica, sua experiência visa uma espécie de ascese complexa na sublimação, como testemunha a homenagem que ela presta à mística Teresa d'Ávila. Ateia impenitente, Simone de Beauvoir prefere passar por cima dos tormentos anoréxicos e epiléticos da santa e não se concentrar senão na "intensidade da fé que penetra o mais íntimo de seu ser": "Santa Teresa coloca o dramático problema da relação entre o indivíduo e o Ser transcendente de uma maneira inteiramente intelectual: ela viveu como mulher uma experiência cujo sentido ultrapassa qualquer especificação sexual; é preciso situá-la ao lado de São João da Cruz. Mas ela é uma brilhante exceção"[73].

Uma vez que Teresa é uma "brilhante exceção" e que, no atual choque das religiões, as mulheres parecem extremamente atraídas – para o melhor e quase sempre para o pior – pelas experiências

---

[71] Colette, "Mes Apprentissages", em: *Œuvres complètes*, t. III, *op. cit.*, p. 1053.
[72] *Ibidem*, p. 983.
[73] Simone de Beauvoir, "La Mystique", em: *Le Deuxième sexe*, *op. cit.*, t. II, cap. 13, p. 574.

religiosas e, de modo mais amplo, espirituais, em *Thérèse mon amour*[74] (Teresa, meu amor) tento seguir a vida e a obra dessa mulher. À sua maneira, ela não cessa de "se transcender", desvelando uma complexidade psíquica e uma sociopolítica infinita. "Infinita" é a palavra, já que o próprio Leibniz considerava essa Teresa d'Ávila uma precursora de sua teoria das mônadas (unidades que contêm o infinito) e do cálculo infinitesimal. Esse aspecto de nossa memória judaico-cristã (Teresa é de origem marrana [judeus convertidos] pelo lado paterno e "cristã tradicional" pelo lado materno) ainda precisa ser explorado e interpretado, se não quisermos permanecer como modernos fascinados, mas ignorantes das religiões que ameaçam incendiar a globalização; e se não quisermos reduzir a complexidade do que significa para o feminino "se transcender" às proezas do biologismo ou à busca de um "poder", seja ele simbólico, profissional, espiritual ou midiático.

O êxtase de Teresa, esculpida na célebre *Transverberação de Santa Teresa*, de Bernini[75], revela uma exaltação que supera as distinções metafísicas entre corpo e alma. Ela viaja entre masculino e feminino, ativo e passivo, afetos eróticos e ascese intelectual: o todo, com uma lucidez sem precedentes, por meio dessa elucidação contínua que é sua escrita, e que passa para a ação. A monja extática, anoréxica, epilética e histérica será uma escritora fecunda (de modo algum prolixa, como Mademoiselle de Guyon) e a fundadora de uma nova ordem religiosa: a Ordem dos Carmelitas Descalços. Ofereço ao leitor dois excertos de sua experiência, que integram o dossiê da "mulher livre que está apenas nascendo".

---

74 Julia Kristeva, *Thérèse mon amour*, Paris: Fayard, 2008.
75 Gian Lorenzo Bernini (1598-1680), artista múltiplo do barroco italiano. A escultura *A transverberação de Santa Teresa* ou *O êxtase de Santa Teresa* representa a experiência mística de Santa Teresa d'Ávila trespassada por uma seta de amor de um anjo. Encontra-se exposta em Roma, na Capela Cornaro da Igreja Santa Maria della Vittoria. [N.T.]

O primeiro ilustra a polifonia desse Eu que se apazigua quando sua mobilidade o exila de si próprio, numa viagem na direção do outro que encontra a última alteridade no fundo de si mesmo. Um "centro de si" assimilado ao infinito e submetido a um questionamento permanente: "Olhem para o centro [...] não encurralem, não oprimam uma alma de oração [...]. Deixem-na circular livremente por essas diferentes moradas: acima, abaixo, dos lados; e porque o próprio Deus a fez tão digna, que ela não se violente permanecendo tanto tempo em um mesmo lugar, a não ser o do próprio conhecimento de si" (*Château intérieur*, primeira morada, 2: 8)[76]; "considero impossível que [o amor] se contente em permanecer estacionário" (*Château intérieur*, sétima morada, 4: 9).

O segundo excerto define a maternidade, não a biológica, mas a simbólica, ou o que denominei a parte de "adoção da singularidade do outro", que toda maternidade implica. Parte que Teresa assume como um lugar crucial e dos mais desejáveis nesse novo mundo, que é o Século de Ouro espanhol, envolvido na descoberta do Novo Mundo, diametralmente oposto (uma espécie de "globalização" está em curso), convulsionado pela renovação da fé cristã (protestantes e erasmianos[77] se opõem aos católicos) e pelo surgimento do humanismo. Teresa detalha a lógica da maternidade tal como ela a entende: trata-se de um "exílio de si", do qual vocês não se contentam "apenas em desfrutar". Consideram os outros "desapropriando-se de vocês mesmos", mas "sem ficar de mãos atadas" – entendamos: tornando-se uma mulher ativa, voluntária, fundadora de uma nova ordem religiosa (a Ordem dos Carmelitas Descalços), para pensar com eficácia a partir do ponto de vista do outro.

---

[76] Ed. bras.: Santa Teresa d'Ávila, *As moradas do castelo interior*, trad. Antonio Fernando Borges, São Paulo: É Realizações, 2014.
[77] Referência a Erasmo de Roterdã (1466-1536), teólogo e humanista que fez os votos monásticos aos 25 anos. [N.T.]

A maternidade simbólica resulta disso? Da hiperatividade: não se calar (*Vie*, 5:3)[78], ninguém pode "atar minhas mãos" (*Relations*, 19), "obras, obras" [de Deus] (*O Castelo interior*, sétima morada, 4). Sobre a brincadeira e o humor: a Virgem Maria não deu um xeque-mate em Deus quando lhe deu um filho? Uma certa bondade: a mãe é capaz de exilar-se sem, no entanto, esquecer de viver a partir do lugar do outro e de agir por ele. O êxtase solitário da santa é substituído pela fluidez de uma alma ativa e pelo fabuloso dinamismo típico de uma mulher de negócios.

Teresa se funda ao fundar o mundo, ela dá a luz a si mesma ao dar ao mundo uma obra, torna-se filha dessa obra – de "seu filho" – engendrante/engendrada, sem uma tela protetora entre seu Eu e o mundo. Essa é sua fórmula da maternidade: certamente não a única, mas uma das mais justas – e sobre a qual se deve meditar.

Curiosamente, no final de sua vida, Simone de Beauvoir me faz pensar que ela acrescentou essa adoção dos outros e do mundo, que ela denominava uma "bondade", à reivindicação libertária de *O segundo sexo*.

Jean Genet a fez compreender que Rembrandt passou "da soberba à bondade", escreveu ela, "porque ele não queria que houvesse nenhuma separação entre ele e o mundo"[79]. Em sua juventude, colocando uma separação entre a biologia e a maternidade, de um lado, e a mulher livre, do outro, Simone se privava da bondade? Ela precisou esperar a morte de sua mãe e a de Sartre para escrever sobre isso, sem, no entanto, atenuar esses traços de crueldade que constituem a marca indelével de seu caráter e a defendem de sua melancolia. Mas foi, sobretudo, ao se deixar desapropriar de *O segundo sexo* pelas feministas e pelas mulheres

---

[78] Ed. bras.: Santa Teresa d'Ávila, *Livro da vida*, trad. Marcelo Musa Cavallari, São Paulo: Penguin Classics/Companhia das Letras, 2010.
[79] Simone de Beauvoir, *La Force des choses*, op. cit., p. 460.

do mundo globalizado, entregando seu texto à variedade das experiências femininas, mais ou menos divergentes, até mesmo em desacordo com a sua (perde-se a conta das leituras de *O segundo sexo* pelas mulheres, feministas ou não, francesas, norte-americanas, indianas, chinesas, universalistas, diferencialistas, nem putas nem submissas, que mais sei eu?). E isso até que esse livro se transformasse em um mito, uma obra que não se lê obrigatoriamente, mas que cada uma inventa à sua maneira. Isso porque a autora disse e demonstrou que é possível a uma mulher ser livre – que Simone de Beauvoir aboliu a separação entre sua soberba e o mundo: entre a autora de *O segundo sexo* e suas filhas. E se essa polifonia das liberdades femininas, que "está apenas nascendo", representasse a quintessência de sua transcendência? Em resumo, sua maternidade redescoberta.

BEAUVOIR SONHA

A aproximação de dois campos, Beauvoir e a psicanálise, me lembra o célebre cineasta John Houston, que adorava ressaltar a coincidência entre a invenção da psicanálise e a do cinema. Não vejam nenhuma maldade no fato de eu colocar o feminismo na esfera do cinema. Trata-se apenas de um convite para pensar: será que, além da coincidência histórica, o que acontece entre o feminismo, o cinema e a invenção da psicanálise é mais um embate, até mesmo um desafio recíproco? De fato, a provocativa associação de Houston nos estimula porque aponta para algo impensado: não subordinem um ao outro os termos citados, reconheçam muito mais as similitudes para poderem apreciar melhor o incomensurável. Por exemplo, se a psicanálise e o cinema têm em comum desinibir o desejo e o fantasma, é suficiente constatar que, ao contrário, a psicanálise busca *elucidar*, enquanto o cinema visa *seduzir* e, com isso, experimentar as diferenças, a autonomia e os respectivos limites das duas artes, assim como seus questionamentos recíprocos. *O que pensar* dos fogos cruzados entre feminismo e psicanálise? Ocorre o mesmo quando se aproxima Beauvoir e a psicanálise. Explico-me.

Simone de Beauvoir adora Freud mais do que o lê ("É um dos homens desse século que mais admiro calorosamente", escreveu ela em *Tout compte fait*[80]), uma afirmação à qual não falta coragem, em uma época, quando ela escrevia *O segundo sexo*, em que a descoberta do inconsciente ainda era pouco conhecida na França (mas a professora de filosofia já falava dela a seus alunos, e o Ministério da Educação não gostava nada disso). Apesar das críticas que dirige à psicanálise nessa ascensão do feminismo, penso que Beauvoir encontra na psicanálise essa ideia fundadora do livro, que foi como uma bofetada no *establishment*, que ainda hoje incomoda e que ela expressa da seguinte maneira: o "sexo", afirma ela substancialmente ao definir o "ponto de vista da psicanálise", é "o corpo vivido pelo sujeito [...]. Não é a natureza que define a mulher: é ela que se define ao retomar a natureza, por sua própria conta, em sua afetividade"[81].

Ao retomar e afirmar o que permanece essencial à descoberta freudiana, ou seja, a reformulação do dualismo metafísico corpo/alma, corpo/mente, natureza/cultura pela promoção do sexo ao nível de uma "psicossexualidade", Simone de Beauvoir se mostra muito mais cúmplice de Freud do que muitos dos principais fenomenólogos que, junto com Heidegger, acusavam o médico vienense de "biologizar a essência do homem".

Não resta a menor dúvida de que essa adesão profunda e, de certa forma, imediata, não impede Simone de Beauvoir de desenvolver uma constante ambivalência no que se refere a Freud e ao freudismo. Ela chega até mesmo ao ponto de colocar a psicanálise entre "as religiões"[82], de acusar Freud de não conhecer "a mulher a não ser por meio de casos clínicos"[83]; de reduzir a teoria freudiana do Édipo a uma competição entre órgãos genitais (vagina e clitóris, de um

---

[80] Paris: Gallimard, 1972, p. 206. [Ed. bras.: *Balanço final*, trad. Rita Braga, Rio de Janeiro: Nova Fronteira, 1990.]
[81] Simone de Beauvoir, *Le Deuxième sexe*, t. I, *op. cit.*, p. 80.
[82] *Ibidem*, p. 80.
[83] *Idem*, *Tout compte fait*, *op. cit.*, p. 618.

lado, *versus* pênis divinizado em falo, de outro); de esquecer o sentido simbólico da função paterna, algo, no entanto, tão fundamental, em particular no "segundo" Freud[84]. Todas essas simplificações deveriam alimentar os ataques de um certo feminismo contra a psicanálise, principalmente nos Estados Unidos, mas, ao contrário disso, suscitaram também movimentos que tentaram se informar sobre a atualidade psicanalítica e que, na França, propiciaram o nascimento do movimento Psicanálise e Política.

Finalmente, muito mais do que a feminista ultrajada com a "castração original da mulher" (vasto continente que não parou de reunir e dividir os teóricos da clínica e da teoria freudiana e pós-freudiana), é Simone de Beauvoir, a filósofa fenomenóloga, que com sua caneta se volta contra o que supõe ser uma "ausência de intencionalidade original da existência" em Freud, ou ainda contra sua "recusa sistemática da ideia de *escolha*"[85], fazendo oposição a ele por meio das posições de Alfred Adler. A arquitetura complexa da vida psíquica, segundo as duas tópicas de Freud (o inconsciente *versus* o Id; pulsão-afeto-desejo *versus* narcisismo-identificação-Ideal-do-Ego, Superego etc.), parece-me não ser levada em conta pela teórica. Entretanto, seria insensato e injusto para com sua obra introduzi-la em um debate sobre os aspectos fundamentais da descoberta do inconsciente.

Para Beauvoir, "os aspectos fundamentais" residem em seu engajamento em elucidar e promover a liberdade existencial das mulheres no cerne de um contexto histórico preciso. Para isso, ela remaneja o próprio discurso fenomenológico-existencialista com

---

84 *Totem e Tabu* é obrigado a inventar "estranhos romances" [para restaurar a unidade entre o indivíduo e a sociedade]; constatemos, ainda, essa grave incompreensão do "progresso" que, para Freud, representa a religião paterna e a espiritualidade intelectual do judaísmo segundo *Moisés e o monoteísmo*, *Le Deuxième sexe*, t. I, *op. cit.*, p. 89.
85 *Ibidem*, p. 88. Sublinhado por Simone de Beauvoir.

empréstimos de diversos discursos libertários, fazendo com que nessa recomposição a psicanálise ocupe um lugar de escolha – mas uma escolha que Beauvoir assimila à sua própria personalidade para integrá-la em seu próprio combate.

Não me ocuparei em objeções a ela, evidentemente fáceis de fazer depois de tanto tempo, hoje que a pesquisa psicanalítica (longe de se limitar a Freud, mas desenvolvendo sua descoberta com e depois de Klein, Lacan, Winnicott e outros) não cessa de explicitar e ampliar as aberturas freudianas em termos de sentido, desejo, diferença sexual e finalidades éticas.

BALANÇO FINAL, SONHOS

Tomarei um outro caminho relendo primeiro esse presente surpreendente que Simone de Beauvoir nos ofertou em *Balanço final*: vinte páginas de narrativas sobre sonhos! "Quero falar de uma área que nunca abordei: meus sonhos. É uma das distrações que mais me agradam."[86]

Com sua habitual honestidade intelectual, a autora confessa que o sono lhe propicia "estados de euforia", como acontece com certas drogas: estados que ela "não encontra no estado de vigília porque eles pressupõem um total abandono"[87]. Ela "os mantém à distância" – ah, a distância de Beauvoir, até em seus sonhos! "Muitas vezes, tenho a impressão de representar um psicodrama mais do que viver verdadeiramente." Sempre o controle, o inevitável poder sobre as pulsões, o domínio de si até no sono. "Manter a distância", o próprio "abandono", isso é que é sonhar? Desde o começo, essa lucidez de inspiração analítica: "não tentarei dar

---

86 *Idem, Tout compte fait, op. cit.*, p. 139.
87 *Ibidem*, p. 159.

aos sonhos uma interpretação freudiana: somente no contexto de um tratamento o sonho pode liberar para o analista seus significados profundos"[88].

Também não oferecerei nenhuma interpretação estritamente freudiana dos sonhos de Simone de Beauvoir. Escolherei alguns de seus resumos e farei com que eles ressoem na leitura que faço de outros escritos da filósofa, bem como algumas "associações livres" que essas notas provocam ou despertam em mim.

• • •

Um dos sonhos começa assim: "Muitas vezes estou indo a pé de um lugar a outro"[89]. Destituída de qualquer emoção, essa frase antecipa uma avalanche de viagens, deslocamentos a pé ou de bicicleta, trens e estações, carros e aviões, até mesmo helicóptero, mas não: é Sartre em pessoa quem se torna o helicóptero, e isso não tem graça nenhuma. Bagagens perdidas, raramente recuperadas, mapas e planos inverossímeis, itinerários confusos, voos e quedas, na Europa, na Ásia, na América, na França, é claro, e muitas vezes em Paris: passagens-cafés-restaurantes, personagens conhecidos ou excêntricos, próximos ou políticos, expulsões-separações-raramente reencontros... Tudo isso por vezes se confunde com a deportação, quando não com o exílio e, como deve acontecer em um sonho, não faltam assassinatos, nem algumas confissões de sofrimento – mas em tom mais sutil. E, logo, a sombra da mulher desiludida surpreende a amante emancipada, a viajante, a andarilha. Isso vai dar certo ou não vai dar certo? "Muitas vezes estou indo a pé de um lugar a outro. [...] Íamos por estradas e aleias e, de repente, uma casa bloqueava o nosso caminho. Acontece-me com muita frequência: entro

---

88 *Ibidem*, p. 140.
89 *Ibidem*.

na casa, procuro em vão uma saída, não tenho o direito de estar lá, entro em pânico e, às vezes, há alguém que me persegue."[90]

Ao ler a acumulação dessas longas andanças, ouço uma contínua excitação motora, agitação sem fim e sem descarga, mas que se aniquila no medo. O sono não a extingue, porque ele se empenha minuciosamente em traduzi-la em espaços, com atenção, sem repouso: "sem saída", "não sei onde está o freio", precisa a sonhadora. "De repente, me dou conta de que não sei onde está o freio, não consigo encontrá-lo, pergunto-me ansiosamente como vou parar a mim mesma. Geralmente acabo me espatifando de leve contra um muro: saio disso ilesa, mas depois de sentir medo." Esse *perpetuum mobile* que foi Beauvoir (de acordo com seus escritos autobiográficos e com os testemunhos de seus amigos) tem dificuldade em pousar: difícil encontrar seu porto de origem, suas referências, e muito menos sua casa, cujo protótipo retorna, em seus últimos sonhos, ao apartamento de sua mãe, no quinto andar da rua de Rennes.

• • •

Em acréscimo à sua excitação motora: a desordem do vestuário. Beauvoir acumula sonhos de vestimentas desconhecidas, provas de roupas desagradáveis ou febris, disfarces, acúmulos inúteis de acessórios: para resistir ao frio que está "lá" ou ao frio "de baixo"? Todo esse ritual é meticulosamente submetido ao exame crítico da sonhadora e – como uma pele estranha ou um espelho infiel – traduz uma imagem de si incerta, desconcertante, marcada pelas palavras "lapso", "vazio" e "medo": "Vou mencionar um [de seus inúmeros sonhos vestimentários] bastante excepcional por seu aspecto reflexivo e crítico. Preparava-me para ir aos meus cursos em Rouen

---

90 *Ibidem*.

e, de repente, tive um lapso de memória. [...] eu via no espelho que usava uma blusa amarela e uma saia xadrez: não as reconhecia. Comecei a me assustar. Muita gente me rodeava e eu continuava a sentir esse vazio em minha cabeça: impossível lembrar do que se compunha meu guarda-roupa. Dizia ao médico: 'Não compreendo nada do que está acontecendo. *A menos que eu esteja dormindo*'[91]. Empilho as roupas em uma grande maleta azul, ela é muito pequena porque 'lá' faz muito frio e tenho de levar muitas coisas"[92].

NOS LABIRINTOS OFEGANTES DAS EXCITAÇÕES

Dois acontecimentos entoam os labirintos ofegantes das excitações. Os *colapsos*: colapso da excitação sem descarga, insatisfação amarga *in fine*, lágrimas reprimidas. E os *voos*: em princípio, euforias turbilhantes mescladas, aqui e ali, por uma suspeita de inquietude, de angústia, quando não se voltam para o psicodrama "interpretado", ressalta a sonhadora, que julga a si mesma enquanto sonha.

Frequentemente, a escritora sonha com sua mãe: "mulher sem rosto", jovem atraente, mais ou menos inacessível, para amar ou matar, essa presença maternal que se deve denominar onírica insinua-se até mesmo no nome imaginário de uma cidade, "Mersépolis"[93] (em lugar de Persépolis, da qual se fala muito hoje em dia, afirma com precisão a sonhadora).

Emblemático, o sonho com a mãe no lago conduz a sonhadora a... Nelson Algren. De mamãe – primeiro objeto de amor e de ódio – ao amante favorito, a mesma água fria a separar: metáfora-metamorfose

---

91 Sublinhado por Simone de Beauvoir.
92 *Tout compte fait, op. cit.*, pp. 143-4.
93 A palavra francesa *mère*, que origina o nome da cidade, significa "mãe" em português. [N.E.]

da frustração, ferida inacessível, distanciamento congelante. Outra noite senti a presença de minha mãe – um vulto jovem e belo, sem rosto – à beira de uma superfície de água luminosa que eu tinha de atravessar para chegar até ela. Pensei no pequeno lago que havia diante do jardim de Algren: mas não havia barco para atravessá-lo. Era também um fiorde, que só podia ser contornado com muita dificuldade: era preciso se aventurar na água e correr o risco de se afogar. Entretanto, eu devia avisar minha mãe de que um grande perigo a ameaçava."[94] Conservemos a imagem desse lago: lembrança de uma mãe inacessível, psiquicamente ausente, impossível de conquistar, ameaçada-ameaçadora? Ou uma reconstrução defensiva contra sua atração: contra o desejo por ela e contra o desejo dela pela sonhadora?

UMA MATERNIDADE FUGIDIA E DA QUAL FUGIR

Dois outros sonhos completam essa maternidade fugidia e da qual fugir. Primeiro, o sonho da "mulher tola" – mas ela não poderia ter sido um *alter ego* da sonhadora, uma vez que a sonhadora e sua heroína têm a mesma idade? "Eu passeava com uma mocinha muito tola: tínhamos a mesma idade [...] ela afirmava que o importante para uma 'mulher' era ter um berçário nas proximidades. Irritava-me porque só se referia a si mesma como 'mulher'. Entrávamos na casa, que era um verdadeiro palácio."[95] Nesse ponto, cruzamos com um personagem masculino "vestido com um longo casaco branco, que ele usara na antevéspera durante a manifestação pela liberdade do aborto. Eu ficava contente em vê-lo. Em uma mesa havia um prato cheio de ovos crus, sem as cascas. Alguém pegava um garfo e o enfiava nas claras. Eu gritava: 'Não faça isso!'. Eram embriões, e

---

94 *Ibidem*, pp. 146-7.
95 *Ibidem*, p. 155.

se tocassem neles eles se transformariam em crianças deficientes. Evidentemente, esse sonho foi influenciado pelas conversas que eu havia tido a respeito de nossa manifestação"[96]. Sem dúvida alguma. Esse sonho da "mocinha tola", que termina em sonho sobre ovos que a sonhadora vai perfurar com o garfo, também expressa a angústia da infanticida: intermediado por um de seus personagens, expressam o medo da criança deficiente, o desgosto diante dos ovos, dos ovários, da fecundidade feminina e de sua periculosidade.

Ele contém também outro pensamento latente e testemunha a profundidade da autoanálise que Simone de Beauvoir ambicionava alcançar. Ao matar a mãe no ovo, esse sonho pertence à mesma constelação que o sonho da irmã queimada e/ou inapta para o casamento. Sonhos da matricida, da luta de morte com a outra mulher – "duas pessoas das quais uma era minha irmã, embora não se parecesse com ela e fosse uma jovem muito bonita. Seu nariz, seu braço direito, eram galhos de árvore queimados. Ela não demonstrava preocupação com isso, mas eu dizia a mim mesma: 'Ela jamais poderá se casar. Essas queimaduras são muito feias'"[97]. A própria mãe da sonhadora sucumbe, confundida com sua filha, "estendida sobre um lençol, como se estivesse na cama, eu sentia que ia cair; [...] Naquele exato momento, uma mulher de branco – vestida de noiva, talvez – girava, caía e se estatelava no chão. Eu dizia a mim mesma: 'É minha mãe' [...] 'Minha mãe acaba de se matar', sem nada sentir, como se eu representasse um papel"[98]. Será que a frieza da mãe do lago impregnou a própria filha até criar uma "falsa personalidade", um "falso *self*"? Ou então é a filha quem "rouba" o lugar de sua mãe no leito nupcial e acaba por "cair" – se aniquilar sem prazer em razão de uma culpabilidade incompreendida? A sonhadora

---

96 *Ibidem*, pp. 155-6.
97 *Ibidem*, p. 144.
98 *Ibidem*, pp. 156-7.

defende-se dessa paixão incestuosa primária vivendo todos os papéis, onipresente. Isso para se proteger de ter que escolher: amar ou odiar, desejar ou se vingar?

De qualquer modo, é a encenação da crueldade, uma crueldade "bem temperada" – Beauvoir não se detém nela. Mas vai repará-la, inclusive em seus sonhos, ao adotar Sylvie, ao sonhar com ela como se fosse uma espécie de irmã – "uma pessoa que era ao mesmo tempo Sylvie e minha irmã"[99], "eu estava com minha irmã Sylvie"[100], "jovem charmosa com um casaco de pele"[101]. Sylvie: companheira tranquilizadora e amorosa no labirinto das estações de trem, das viagens e de outras bagagens perdidas-achadas, em contraponto a um Sartre essencial e não menos inexpugnável.

METAMORFOSES DO PAI

O pai de fato desapareceu nas sombras do segundo sexo? Sem dúvida alguma, Beauvoir não deixa de ressaltar que seu pai está ausente de seus sonhos: "Como já revelei em *Uma morte muito suave*, minha mãe aparecia com frequência em meus sonhos, enquanto meu pai estava ausente deles; no passado, ela era ocasionalmente uma presença querida, mas a maioria das vezes eu temia sucumbir ao seu poder. Agora, acontece de eu ter um encontro com ela em nosso antigo apartamento da rua de Rennes. Isso me provoca um mal-estar, aliás, não conseguimos nos encontrar; ou eu não chego até a casa ou ela está ausente: em geral, quando a vejo, ela se mostra distante e jovem"[102].

---

99 *Ibidem*, p. 154.
100 *Ibidem*.
101 *Ibidem*, p. 143.
102 *Ibidem*, p. 160.

O pai não é tão ausente assim nesses sonhos que, no entanto, insistem na ausência materna. Mas, quando a sonhadora se lembra dele, trata-se de uma figura paternal que ela assassina.

Beauvoir não mata explicitamente seu próprio pai: não mais do que qualquer um que lhe vem à mente após ter mencionado seus passeios com Sartre, após ter se encontrado com ele em um tipo de deserto e sem bagagens, sem sua linda saia azul bordada, comprada na Grécia, após ter perdido sua chave. A chegada de Sylvie no sonho apagará essa sequência de amarguras? Certamente, não. Para qualquer resposta, a lógica onírica encadeia outro sonho; justamente o sonho assassino. Aquela que em *O segundo sexo* pretendia desafiar a autoridade do pai coloca em cena um Édipo menino em um cenário sangrento: "um homem gordo malvado atacou nossos amigos e eu cravei uma faca em sua garganta; desfaleci pensando: 'Eu matei! Isso não é possível!'. Quando voltei a mim, perguntei-me ansiosamente se iriam me felicitar ou me processar por isso; fiquei muito decepcionada porque nada aconteceu"[103].

Trata-se do mesmo tema do "assassinato do pai" – mais dissimulado, distorcido nos meandros de um cemitério repleto de homens de pedra (réplicas desvalorizadas da estátua do Comandante?), que reaparece no sonho de Soljenitsin, figura do patriarca por excelência, ao lado da mãe da sonhadora: "Alguém me dizia: é Soljenitsin. [...] Ele perguntava [...]: 'meu pai morreu por culpa de quem?' [...] nesse momento eu ia embora: minha mãe me esperava para jantar em nosso antigo apartamento, no quinto andar, na rua de Rennes (ele retorna com muita frequência em meus sonhos). Eu estava em uma cidadezinha. [...] entrava no cemitério. Ali tive uma surpreendente visão: ela se assemelhava a esses

---

103 *Ibidem*, p. 143.

sonhos que o cinema constrói e que me parecem bastante falsos. Havia no chão um grande número de caixões recobertos com panos pretos; homens com roupas pretas e cartolas enfileiravam-se de cada lado, enquanto, ao fundo, outros desfilavam: sob as cartolas, alguns exibiam caveiras. [...] as caveiras não pertenciam aos homens, eram esculturas de pedra"[104]. Essa modelagem em estátua do pai morto é uma "racionalização", como revela o comentário de Beauvoir? Ou também uma defesa contra a agressividade diante do pai, substituído por uma obra de arte: a escultura idealizando e neutralizando a passagem para o impulso inconsciente de uma ruptura radical da relação com o outro, no ato da faca? Outros sonhos, explicitamente os sonhos de sofrimento, associam o "homem de pedra" a... Sartre, ele também um "coração de pedra": "Para mim os sofrimentos silenciosos eram insuportáveis, e, como já disse, já não morro mais em meu sono. Durante a noite, Sartre sempre foi para mim ora o companheiro da minha vida, ora um homem com coração de pedra para o qual minhas críticas ou minhas súplicas, minhas lágrimas e meus desfalecimentos eram indiferentes"[105].

Existe, entretanto, uma maternidade oblativa, tranquilizadora, que repara a mãe inacessível do lago e a irmã de braços queimados: são os sonhos da sonhadora com Sylvie, sua filha adotiva (já mencionados anteriormente). Sylvie, que se confunde com uma irmã melhorada, duplamente cúmplice, companheira tranquilizadora, em contraponto a um Sartre incerto. Um Sartre por vezes mensageiro (como um helicóptero), por vezes fugidio, porque prefere comer, mas não come mais se a sonhadora também quiser comer: ele não come daquele pão? Não tem o mesmo gosto, não tem o mesmo apetite que os da sonhadora? "Eu também vou comer", diz

---

104 *Ibidem*, pp. 150-1.
105 *Ibidem*, p. 160.

ela depois de ter se perdido e de finalmente ter encontrado Sartre sentado à mesa diante de um prato "de entradas apetitosas e de um bolo de castanhas". "Comi muito, já acabei"[106], retruca Sartre "com humor". Outras viagens, interrompidas por um Sartre fatigado, continuarão junto com Sylvie.

DO ÍNTIMO AO POLÍTICO

Não fornecerei mais pistas para eventuais associações livres que os sonhos de Beauvoir, dados generosamente por ela como alimento a suas leitoras e a seus leitores, poderiam fazer surgir no inconsciente "público". Oferecer seu íntimo ao público: seria um ato de sedução? De dominação? Ou um apelo de amor, uma demonstração de fragilidade? Uma inscrição do íntimo no próprio cerne do pacto político: para evitar o culto "Beauvoir" ou para melhor consolidá-lo? Prefiro pensar que Beauvoir nos oferece seus sonhos para evitar o culto, para fragilizá-lo.

Seria porque ela prosseguiu sua autoanálise até o fim da vida, e sob o impacto do que estava se transformando em uma sociedade do espetáculo, que o pensamento de Beauvoir assumiu um lugar indelével na história das mulheres e do mundo? O relato de seus sonhos não revela senão o "mais agradável" de se dizer e não esgota de modo algum a relevância de sua obra. Em *Balanço final*, porém, esses sonhos testemunham que a genialidade de Beauvoir reside em sua capacidade de revelar o mais íntimo possível, adaptando-o às inquietudes de uma época para transformá-lo em urgências políticas. Meu mal-estar é o seu, cabe a você "transcendê-lo" no cenário do mundo, é o que parece dizer em substância essa "distração" onírica.

---

106 *Ibidem*, p. 148.

A partir de então, a psicanálise, que não se reduz ao *microscópio* da interpretação dos sonhos e do íntimo, poderia tentar prolongar seu diálogo com Beauvoir e abordar sua obra com esse *telescópio*, que poderia ser uma interpretação sócio-histórica atenta à experiência analítica.

Por outro lado, tentei explorar com o *telescópio* os três domínios nos quais Beauvoir inovou ao inscrever seu inconsciente (do qual seus sonhos nos revelam algumas faces) na existência sócio-histórica das mulheres do século XX: o universal e o feminino; o par destrói-reconstrói; o romance como reorganização do íntimo no político. Temas sempre presentes que revelam e, mais do que nunca, fazem com que a presença de Beauvoir continue em nós, ao nosso redor, sessenta anos após *O segundo sexo*. Permitam-me remetê-los a ele[107]. No livro, vocês encontrarão um caminho rumo aos escritos dessa mulher livre que, antes de se transformar em um projeto político, ao mesmo tempo que se tornava um, ao escrevê-lo, libertou sua experiência interior, incluindo seus sonhos e desejos: "Escrever permaneceu a grande ocupação da minha vida"[108].

---

107 Cf., aqui mesmo, "*O segundo sexo,* sessenta anos depois", pp. 19-41, e "Beauvoir presente", pp. 43-62.
108 *Tout compte fait, op. cit.*, p. 162.

NASCEMOS MULHER, MAS EU ME TORNO MULHER

A senhora se recorda do momento em que descobriu Simone de Beauvoir?
Eu ainda vivia na Bulgária e, na verdade, Beauvoir não era reconhecida como uma grande figura, e eu tinha o sentimento de que as mulheres eram livres. Alguma coisa não ia bem, mas eu não sabia o que era. Um amigo francês me trouxe *O segundo sexo*, creio que por volta de 1958. Era o degelo pós-stalinista e começávamos a discutir abertamente a liberdade. A dialética hegeliana analisava a liberdade em termos de ideias, mas essa existencialista francesa a abordava a partir do corpo sexuado e na polifonia da literatura. Nem revolta dos proletários nem espiral do espírito, para mim a liberdade tomou corpo com Simone de Beauvoir: ela devia passar pelas mulheres, e podia se escrever.

Ela te tornou feminista?
Ainda não se falava de feminismo. Ela me revelou que o enigma da sexualidade feminina, segredo e escândalo, tornava-se uma evidência política que acompanhava a possibilidade de "se transcender". "Ninguém nasce mulher, torna-se mulher." Atualmente, entre determinações biológicas e reconstruções psicossociais, diríamos que "nascemos" mulher, mas "eu" me torno uma mulher. Se não sei nem quem sou eu, nem encontro meu lugar na vida social, depende de mim e de nós que isso mude. De nós, no combate social: "somos

livres de transcender qualquer transcendência", mas esse "outro lugar" encontra-se na essência de nossa condição humana (*Pirro e Cineias*[109]). E de mim, por meio do pensamento e da escrita: "Eu mesma me criarei de novo e justificarei minha existência" (*Memórias de uma moça bem-comportada*[110]).

Pareceu-me que essa visão das mulheres como atrizes de sua liberdade não podia surgir senão da emergência da consciência moderna da Europa e, mais ainda, da história da França, do legado de Mademoiselle de Gournay, Théroigne de Méricourt, Stendhal, Colette. Minha admiração pela cultura francesa se fortalece com isso e confesso que ela resiste sempre aos desmentidos que a realidade lhe inflige. Estou mesmo convencida de que aquelas que, na China ou no Irã, tentam atualmente conquistar seus direitos devem se impregnar desse humanismo europeu, da secularização oriunda do Iluminismo e da liberdade como superação de si, segundo Beauvoir.

Em O segundo sexo, *Beauvoir critica a psicanálise; posteriormente, em* Balanço final, *ela afirma que "adora" Freud? Qual é sua opinião de psicanalista?*
Em *O segundo sexo*, Beauvoir reitera, no entanto, que sua compreensão do sexo provém do "ponto de vista psicanalítico": o sexo é "o corpo vivido pelo sujeito, não é a natureza que define a mulher; é ela que se define ao reencontrar a natureza em sua afetividade". Nem pura biologia nem excitação pornográfica, menos ainda espiritualista; de acordo com ela, o sexo é indissociável do trabalho psíquico: trata-se de uma experiência ("experiência vivida" é o subtítulo do segundo volume). Entendo isso no sentido científico e psíquico da palavra. Não reconheço Beauvoir no clichê da feminista, reduzida a uma militante política e jurídica. Para mim, ela é alguém que faz experimentos em

---
[109] Simone de Beauvoir, *Pyrrhus et Cinéas*, op. cit., p. 123.
[110] Idem, *Mémoires d'une jeune fille rangée*, op. cit., p. 143.

laboratório, que se arrisca permanentemente na vida privada e no pensamento e convida cada mulher a reconstruir sua personalidade, a desenvolver sua criatividade. Também dediquei a ela a conclusão de minha trilogia *O gênio feminino – a vida, a loucura, as palavras*[111].

Em sua intervenção em um colóquio sobre "Beauvoir e a psicanálise", a senhora concluiu: "Beauvoir não se deixa apenas desafiar pela psicanálise, ela desafia o microcosmo psicanalítico e o convida a se integrar na história". Em Beauvoir, esse sujeito que não "realiza sua liberdade senão ultrapassando-a perpetuamente rumo a outras liberdades", e que ela convoca fortemente para retirar as mulheres de sua situação contingente, de seu papel de objeto do *outro*, apoia-se em toda a história filosófica ocidental (até a dialética hegeliana, a fenomenologia e, com certeza, o existencialismo). A psicanálise, porém, talvez alimente o pensamento dessa mulher muito mais do que o de seus contemporâneos. Ela escandaliza o *establishment* ao ensinar psicanálise nos cursos do Ensino Médio, e Anne, uma psicanalista, é a heroína do livro *Os mandarins*, o que não a impede de continuar bastante ambivalente em relação a Freud. Suas críticas, com frequência simplistas (reduzir o Complexo de Édipo a uma competição entre órgãos sexuais, acusar Freud de "ausência de intencionalidade original da existência" ou de "recusa sistemática da ideia de escolha" etc.), iriam ser retomadas e agravadas pela horda de feministas, principalmente as norte-americanas, contra a psicanálise. Mas essas críticas provocaram também movimentos inversos que tentaram obter informações da atualidade psicanalítica e que conduziram ao nascimento do MFL (Movimento de Libertação Feminina), de psicanálise e política, na França. Em contrapartida, ao permanecer constantemente na interseção entre o íntimo e o social,

---

111 Cf. Julia Kristeva, *Le Génie féminin*, t. III, *op. cit.*, p. 537.

Beauvoir aponta os limites do intimismo psicanalítico quando ele tende a ignorar as mutações sociais e históricas que cada pessoa que ouvimos no divã sofre ou das quais tenta se apropriar.

Em **Balanço final**, *ela revela seus sonhos. O que isso lhe inspira?*
Por que revelar seus sonhos ao público? Beauvoir, a mulher cruel que se exibe para reinar melhor pelo que a reprovam frequentemente? Tentativa de seduzir, influência sobre a vida íntima dos leitores, último desejo de poder? Penso que se trata de uma mulher de grande honestidade intelectual: ela desfruta do pensar, ela se questiona de maneira incansável. Até ao ponto de interpretar seus próprios sonhos, desvelando sem complexo seus traços específicos, quase sempre dolorosos: sua incapacidade de se abandonar, sua tendência de "interpretar um psicodrama mais do que de fato vivê-lo", de "racionalizar" sua ansiedade, na qual qualquer emoção desencadeia uma avalanche de viagens, trens, estações ferroviárias, aviões, o próprio Sartre transformando-se em helicóptero, o todo "desenfreado", e essa "água fria" que a separa de sua mãe, mas também de Nelson Algren, o amante favorito; ou ainda cravar um punhal na garganta de seu pai, sem esquecer o medo de furar os ovos crus depois de uma manifestação contra o aborto... Em seus sonhos, a sombra da "mulher dilacerada" caminha ao lado da amante emancipada, da viajante, da andarilha. Ao se mostrar em sua fragilidade, tanto nesse livro como em seus romances, ela impede suas leitoras de consolidar sua estatura no papel de chefe, ela torna impossível o culto a Simone de Beauvoir. Em contrapartida, alguns homens se divertem em insistir na chorona, na amante infantilizada, na inexorável escritora de cartas acorrentada a seu "querido pequeno outro"[112], seja para ridicularizá-la, seja para reduzir a "verdade" de

---

112 A autora faz uso do conceito lacaniano de "outro", que sofreu diversas alterações ao longo da obra de Jacques Lacan (1901-1981). Existem dois "outros":

Beauvoir e das mulheres a uma espécie de sensibilidade dilacerada e volúvel que os tranquilize em definitivo.

O que a senhora pensa da compulsão de escrever cartas intermináveis? Ela parece habitada por uma pulsão verbal que nada interrompe, do mesmo modo que nada podia refrear a andarilha que devorava os espaços. Ela percebia que sua inteligência ágil, seu engajamento absoluto, a própria vida e, acima de tudo, sua escrita são obras de linguagem? Seus julgamentos tão precisos sobre os grandes escritores quase não se preocupam com o que se convencionou chamar de "forma". Mas captar o excesso de pulsão na linguagem sempre foi um antidepressivo na cultura do verbo. Ao escrever sobre a experiência mística de Teresa d'Ávila, percebi que no século XVI e, sobretudo, no século XVII, os homens da Igreja exigiam das religiosas e das penitentes laicas que elas escrevessem sua "vida espiritual", o que resultou em uma rica literatura feminina. A fuga na língua francesa dessa católica em ruptura com a sociedade é, na verdade, uma maneira original de simultaneamente se apropriar e "reavaliar" a tradição católica: penso em *Torrents*[113] de

---

o primeiro, escrito em minúsculas, refere-se à sua função de "causa do desejo", incluindo estilhaços e restos. É o objeto primeiro, o chamado objeto a, "do qual não se tem ideia", no qual o vazio toma o lugar do objeto; o segundo, em maiúsculas, refere-se ao tesouro dos significantes, uma ideia cara a Claude Lévi-Strauss (1908-2009) em sua formulação do conceito de estrutura. Daí a afirmação lacaniana de que o inconsciente é o discurso do outro, e o desejo é sempre o desejo do outro. Para maiores detalhes, cf.: 1. O verbete "objeto" de François Baudry, em: Pierre Kaufmann (org.), *Dicionário enciclopédico de psicanálise: o legado de Freud e Lacan*, trad. Vera Ribeiro e Maria Lucia Borges, Rio de Janeiro: Zahar, 1998; 2. O verbete "outro", em: Elisabeth Roudinesco e Michel Plon, *Dicionário de psicanálise*, trad. Vera Ribeiro e Lucy Magalhães, Rio de Janeiro: Zahar, 1998. Para uma compreensão mais nítida das ideias de Lacan, cf. o ensaio de Catherine Millot, *A vida com Lacan*, trad. André Telles, Rio de Janeiro: Zahar, 2017. [N.T.]
113 Ed. bras.: Jeanne Guyon, *As torrentes espirituais*, Rio de Janeiro: Danprewan, 1998.

Madame Guyon, nas magníficas escritoras de cartas, como Madame de Sévigné... Remetê-la à sua insaciável curiosidade do detalhe e à sua volubilidade quase automática é ignorar que ela colocou tudo isso a serviço da revolução antropológica que realizou. Fez isso ao demonstrar às mulheres que as mães da espécie humana também são sujeitos livres.

Como a senhora julga a paixão de Beauvoir de caminhar até a exaustão, de querer ver tudo de um lugar?
A excitabilidade, inclusive a das mulheres, acalma-se com longas caminhadas. Essa corrida permanente é também uma "linguagem" reveladora do incrível dinamismo do sujeito Beauvoir. Ela conseguiu infiltrar sua imensa energia na História.

A senhora concorda com a definição dela de universalismo?
Eu não a entendo como os universalistas que hoje acreditam representá-la. A igualdade dos sexos que ela proclama, essa *"fraternidade"* entre o homem e a mulher inscreve-se filosoficamente no regime do universal, cuja genealogia remonta à ideia platônica, aos ideais republicanos do Homem Universal e seus direitos, tão caros aos iluministas franceses. Na escuta da psicanálise, compreende-se que esses valores se sustentam a partir da negação do corpo feminino e partilham o culto fálico do Grande Homem, não sem ambivalência, agressividade e dependência. Beauvoir tem razão ao convidar as mulheres a enfrentarem essa exigência, a se transcenderem no universal, o que implica necessariamente um desenvolvimento da bissexualidade psíquica, que Freud afirmava ser mais importante nas mulheres do que nos homens.

Pelo fato de seu interesse ser "as chances do indivíduo", sua "felicidade", definidas em "termos de liberdade", uma tensão constante estrutura seu pensamento: o universal se encarna (já em *O segundo sexo* e até mesmo nos romances) na experiência de cada homem e de cada mulher[114]. Nunca será demais repetir: o universal de Beauvoir se conjuga no singular. Ela não é uma militante que encerra todas as mulheres em uma totalidade prometeica, como fizeram os movimentos libertários oriundos da ruína do continente religioso. Movimentos esses que prometiam a liberdade universal para "todos os homens", procedendo forçosamente por comunidades escolhidas (todos os burgueses, todos os proletários, todos do terceiro mundo etc.), antes de perceberem que essa denegação da singularidade abre caminho para a banalização e os totalitarismos.

A senhora não cita ninguém, mas critica o "recalque racionalista com o qual alguns universalistas atuais reforçam suas ambições viris e ridicularizam o parto e, ainda pior, o aleitamento, como se isso conduzisse à degradação da condição feminina".
O universalismo de Beauvoir é constantemente repensado, reestruturado. Não existem esquemas universais para o que deve ser *a* mulher, *a* mãe. Como venho de um país totalitário, senti-me particularmente sensível a esse universalismo. Reconheci essa preocupação com a singularidade, em especial em sua perseverança em pensar um romance: enquanto Sartre, depois de escrever *As palavras*, remete o imaginário à neurose, Beauvoir continua a escrever, biografia ou autoficção, quem sabe? "Id" refere-se à sua mãe, às suas amantes, à morte ao dizer "eu". Em resumo, para dizer que é apenas ao incluir a experiência mais singular possível na marcha infinita rumo ao universal "que eu irei arder em todos os corações" e que todos nós, todas nós, poderemos "justificar nossa existência"[115]. Se esquecermos disso, faremos do feminismo um programa militante, certamente necessário, mas que logo se revelará dogmático e sectário.

---

114 Cf. "*O segundo sexo*, sessenta anos depois", pp. 43-62.
115 Simone de Beauvoir, *Mémoires d'une jeune fille rangée*, op. cit., pp. 197-8.

Mas a senhora também fala da diferença que se delinearia em sua experiência. A senhora não estaria começando a deslocá-la em direção às ideias diferencialistas, que são prioritariamente as suas?
É bem possível. Ao ler uma obra tão provocadora e desconcertante, cada um de nós tenta enxergar ao que ela corresponde na atualidade e em nós. Não creio, porém, que isso seja uma traição para com ela. Com frequência, ela se deixa lograr por seu universalismo "fraternal" e retoma os estereótipos para descrever certas experiências femininas, impostas por condições históricas precisas, como se fossem essenciais. Assim, as mulheres "têm doenças no ventre", "A espécie as corrói", a criança é um "pólipo", o corpo feminino é um "pântano no qual habitam insetos e crianças", contrariamente ao corpo do homem, "limpo e simples como um dedo" etc. A partir disso, ela tenta ir rumo a esse universal libertador que é o do homem filósofo, o grande homem filósofo. Esse grande homem que pode ser uma mulher. Foi isso o que muitas feministas sustentaram, principalmente um determinado feminismo norte-americano, antes que ele se tornasse mais diferencialista. Em contrapartida, nas variantes da vida de casal com Sartre, Algren e outros, é a mulher amante que se revela, capaz de cuidados e de cumplicidade. E o casal surge sem opressão unívoca, não mais como um lugar de culto, mas um espaço de debate. Espaço no qual, apesar das diferenças e divergências, e com elas, é possível ser solidário no respeito ao corpo e ao pensamento do outro. Um exemplo que não deve ser repetido, mas que incita a inovar. Como viver com um homem sem hierarquias estabelecidas, sendo diferente? Cada um em sua singularidade, elaborando em conjunto pensamentos livres que se mantêm em diálogo?

Como casal, eles não foram considerados um modelo, no entanto, alguns fizeram deles um modelo e depois se confessaram decepcionados.
Eles poderiam escapar de um tipo precursor de midiatização? Era Saint-Germain-des-Prés, eles se prestaram a essa mitificação, que

é sempre um mal-entendido do qual nos tornamos cúmplices. Mas ao ler *Os mandarins* ou, mais tarde, *A cerimônia do adeus*, não destaco neles nenhuma religiosidade obsequiosa da mulher para com o homem. Em contrapartida, eles passaram a imagem de um casal que se serviu dos "amores contingentes". São criticados pela posição vitimária desses "parceiros contingentes". Essa crueldade também não seria compensada com mais crueldade consigo mesmo? Preso nas pinças do ciúme, Beauvoir atravessa penosamente o espectro da "mulher fluida" para se transcender na obra e se apoiar sobre seu culto do mestre do pensamento, que não se deixará abalar nem mesmo pela descoberta de que a "vocação" de Sartre para os "amores contingentes" dissimulava a insustentável dependência erótica do *Impossível Monsieur Bebê!*

Simone de Beauvoir não se dá conta da lógica sadomasoquista desse casal? Em todo caso, trata-se de uma evidência que ela descreveu nas relações homens/mulheres, na guerra dos sexos. Não tenho a impressão de que ela tenha analisado essa lógica, menos ainda de modo desapaixonado. Entretanto, ela usou a frase de Hegel, colocada em epígrafe em *A convidada*, "Cada consciência persegue a morte do outro", bem como as encenações sexuais do desejo de morte em Sade. Fascinada pela audácia do Divino Marquês, ela lhe consagrou um texto surpreendente, *Faut-il brûler Sade?*[116] (Deve-se queimar Sade?), antes de *Os mandarins*. Inelutável crueldade, ela dá a entender, contra o terrificante otimismo da boa consciência: "em um mundo criminoso, é preciso ser criminoso". Mas foi bem isso o que disse Sade? É no imaginário que se desenvolve seu terrível gozo sadomasoquista, e mesmo a ilimitada liberdade daquele grande senhor malvado não está à altura de seus fantasmas assassinos. Ninguém é obrigado a passar das palavras à ação, não mais do que

---

[116] Paris: Gallimard, 1972.

construir guilhotinas, o que ele desaprovava. Sempre atenta à lógica dominante/dominado, que estrutura o desejo e as relações sexuais, Beauvoir detecta suas inflexões sócio-históricas e propõe pensar que todas as leis universais se baseiam em homicídios, que as paixões são mortíferas e que a moral não é senão uma moral da ambiguidade. Ela tenta desfazer as ambiguidades no comunismo stalinista, por exemplo, ao se deixar aprisionar na indulgência para com as paixões revoltadas. Para me restringir apenas ao casal, peculiarmente foi Collete quem conseguiu superar a histeria dos amores femininos ao ironizar esse "belo e grande amor" e "esses homens que os outros homens chamam de grandes". Quanto a Beauvoir, nela restou sempre algo da grande amante, até o fim.

Quando a senhora evoca em Beauvoir a "terna crueldade em relação a Sartre", faz alusão ao Cerimônia do adeus, *considerado mais como uma vingança do que o derradeiro ato do contrato de verdade entre os dois?*
Alguns viram nele uma vingança, outros uma última veneração de Sartre. Acredito que nele exista crueldade, mas não que se trata de uma vingança se considerarmos que a relação amorosa era intrinsecamente sadomasoquista. Evidentemente, estamos muito distantes do casal burguês que Rousseau consagrou para assegurar a procriação e a educação do sujeito-cidadão, mas que esconde em seus armários os segredos revelados por Sade. Fora com o louco amor surrealista e o amor místico à maneira de Georges Bataille. Sartre e Beauvoir compreenderam que nos dias atuais a religião se refugia no idílio do Amor e do Casal, com letras maiúsculas. Podemos viver sem esse sagrado? Talvez, mas não verdadeiramente, com os não ditos, as censuras e as vítimas. "Você conhece Casanova, querido?", escreve ela a Algren. Ela poderia ter incluído Sade. Beauvoir e Sartre foram longe no ateísmo, vivido como desconstrução do idílio amoroso, expondo sua resiliência, bem como suas fissuras. O ateísmo, essa "experiência cruel e de longo fôlego", escreveu Sartre. Eles conservaram essa

crueldade na ligação a dois, tentando atenuá-la o melhor que podiam. Você conhece outras pessoas que têm isso tão claro?

A senhora acha que, de um lado, temos a maternidade desvalorizada por Beauvoir e, de outro, a maternidade reduzida a um instinto da espécie? Existe para as mulheres uma via entre as duas?
A via é estreita. Não deveria ser nem uma nem outra. Mas o que significa uma mãe? Veja, não seria esse sonho de Beauvoir com sua mãe, na rua de Rennes: "Isso me provoca um mal-estar, aliás não conseguimos nos encontrar; ou eu não chego até a casa ou ela está ausente", "Eu temia sucumbir ao seu poder". Transcender a si mesma nessas condições significava afastar-se dessa maternidade fria e poderosa. E, certamente, emancipar-se da situação histórica das mulheres dessa época, e de outras anteriores, das repetidas maternidades, das mães morrendo em partos, dos abortos clandestinos, por meio de combates de uma coragem surpreendente pela pílula anticoncepcional, pelo direito ao aborto... É preciso lembrar dessas coisas, pois muitas jovens não pensam mais nelas. Beauvoir recusou essa maternidade vitimizante para as mães e portadora de vitimização para as crianças, o que a impedia de considerar a situação em que nos encontramos atualmente, ou seja, a de que, quando a maternidade se torna uma escolha, ela pode ser vivida de maneira diferente. Com suas dificuldades, sem dúvida, pois é preciso obter os meios econômicos e psíquicos para assumir essa responsabilidade e transformá-la em criatividade.

Para essas novas formas de maternidade não existe discurso pronto. A secularização é a única civilização que não sabe o que é uma boa mãe. Winnicott adiantou prudentemente que uma boa mãe é aquela que pode sonhar ao lado de seu filho e assim lhe permitir brincar, falar, pensar. Pergunta: como essa mulher-mãe poderia construir sua sexualidade de amante, sua autonomia profissional e sua disponibilidade maternal para esse primeiro-outro que é a criança? Todo um universo plural, um "pluriverso", como dizem os astrofísicos, esboça-se pela primeira vez na história humana. Por outro lado, Beauvoir desenvolverá uma verdadeira *maternidade de adoção*, que acompanha toda maternidade: ao adotar Sylvie legalmente, e por meio de sua solidariedade política com suas "filhas" feministas, em cujos combates ela reconheceu a transmissão de suas ideias para além das diferenças. É esse mundo complexo da mulher emancipada que Beauvoir nos convida a repensar. Ela nos entregou as chaves para ele, mas não todas. Ainda há muitas coisas a dizer depois dela, mas sem incriminar suas incapacidades, como fazem certos diferencialistas.

Em* O segundo sexo*, ela afirmou que "a mulher livre está apenas nascendo". Desde quando ela nasceu?
Ela está nascendo agora. Quando se observa o que certas mulheres de nossa geração fizeram, não se compara ao que fez a geração anterior à nossa e também ao que se passa nos países em desenvolvimento nos quais essa mensagem ainda não chegou. A mulher livre nasceu por meio daquelas que foram sensíveis à descoberta de Simone de Beauvoir e ao que foi realizado depois. O século XX engloba três fases do feminismo: as sufragistas, Simone de Beauvoir e, após maio de 1968, as novas emancipações – e os novos impasses. É preciso fazer as mulheres compreenderem esse nascimento progressivo, mulheres que nas democracias adiantadas enfrentam a barreira de chumbo dos conservadorismos e das crises diversas. Mas também as mulheres de outros países com suas tradições históricas diferentes, expostas a outras pressões e perseguições. Com frequência, contentamo-nos em dizer que Beauvoir era uma revoltada que queria impor sua vontade ao mundo muito mais do que se submeter a ele. Acredito que ela fez melhor do que isso. Sua noção existencialista da liberdade implica não apenas não consentir, mas viver para ultrapassar a si mesma em um mundo que não serve nem para se submeter nem

para gerir, mas para concordar com minha iniciativa de superação e, somente assim, contribuir para sua transformação.

Quando começou a escrever* O segundo sexo, *ela estava completamente apaixonada por Nelson Algren. Esse fato desempenhou algum papel no projeto do livro?
Essa não foi a única inspiração para esse livro. Primeiro, ela descobriu *A idade viril*, de Michel Leiris, e quis fazer algo semelhante. A estimulação intelectual, porém, veio de Sartre, que exigiu que ela refletisse sobre o fato de não ter sido criada como um menino. Posteriormente, seu encontro com Algren foi uma experiência radical. Ela foi seduzida por esse homem de um meio social inferior, um antipai, alguém diametralmente oposto não apenas a seu "querido filósofo", com o qual ela vivia a primeira crise séria, mas também a seu nobre pai, que "todas as manhãs ia ao 'Teatro do Palais-Royal'", que lhe parecia "pertencer a uma espécie mais rara do que o resto dos homens" e que, além de tudo, "era um ator amador": alguém impossível de se matar, impossível de esposar! Uma paixão iria nascer por esse escritor judeu, por sua autenticidade de homem oriundo das classes pobres, o macho que iria lhe revelar seu corpo. Uma nova experiência de liberdade, na qual finalmente ela iria assumir um papel de homem, na acepção clássica do termo. Mesmo persuadida de que seu "lugar verdadeiro e acolhedor" ia "contra o coração apaixonado" desse amante norte-americano, ela iria se servir dele como objeto sexual. E lhe dizer que retornava a Paris para estar ao lado de Sartre porque o que lhe interessava era escrever e poder pensar. Evidentemente, Algren não suportou esse arranjo e sentiu-se extremamente ferido ao romper a relação. Mas teria sido ela quem repudiou a alegria desse casal sensual e da mulher genitora.

Uma outra e nova liberdade emergiu logo depois do lançamento de *O segundo sexo*, mas também da descoberta da América. Beauvoir constrói uma visão polifônica do mundo que percorre e analisa incansavelmente segundo o princípio: "Diante de situações complexas, é preciso pensar" (*L'Amérique au jour le jour*[117]). Quer se trate de sua solidariedade para com Israel ("Para mim, a ideia de que Israel possa desaparecer do mapa-múndi é odiosa"[118]) ou de sua aposta indulgente sobre a China (que efetua "etapa por etapa seu crescimento e sua expansão"[119]).

O segundo sexo faz 60 anos. Alguns acreditam que o livro esteja ultrapassado.
Eles se enganam. Eles não o leram. Primeiro, é preciso lê-lo. Depois, que cada um questione sua própria experiência.

Por que criar um Prêmio Simone de Beauvoir?
No momento de seu centenário, as feministas não estavam de acordo entre si e me pediram para assumir o colóquio internacional em Paris. A solicitação foi a de fazer qualquer coisa que, após a celebração, deixasse uma marca, para que essa verdadeira revolução antropológica que ela acelerou continuasse a preocupar as mentes, principalmente em outras culturas que parecem ignorar o sujeito que existe no homem e, mais ainda, na mulher.

---

[117] Paris: Éditions Paul Morihien, 1948, p. 70.
[118] Simone de Beauvoir, "Solitude d'Israël", em: Claude Francis e Fernande Gonthier, *Les Écrits de Simone de Beauvoir*, Paris: Gallimard, 1979, p. 531; Denis Charbit, "Simone de Beauvoir, Israël et les Juifs: les raisons d'une fidélité", em: *Les Temps modernes*, n. 619: "Présences de Beauvoir", Paris: Gallimard, jun.-jul. 2002, pp. 163-84.
[119] *Idem*, *La Longue marche*, Paris: Gallimard, 1957. Cf. Denis Charbit, "Voyage en Utopie: la Chine de Simone de Beauvoir", em: *Perspectives 11*, 2004, Hebrew University of Jerusalem, pp. 209-37, e Julia Kristeva, Beauvoir en Chine, disponível em: <www.kristeva.fr/beauvoir-en-chine.html>. Acesso em: out. 2018.

Quando a senhora escreveu **Os samurais**, *foi uma alusão ao romance* **Os mandarins**, *de Simone de Beauvoir?*
Sim. Foi um sinal de reconhecimento, de dívida em relação a ela, pois ela transmitiu sua mensagem. Mas os tempos mudaram, e eu assumo minha diferença, até mesmo reivindico minha estranheza, que olha a França do lado de fora. A Olga de *Os samurais*[120], uma migrante que me representa, vem de longe e jamais poderá ser comparada a uma aristocrata, a uma aluna da École Normale Supérieure francesa. Insisto nesse nomadismo que está se generalizando e que prefigura a Europa reunida ou a globalização. Do mesmo modo, enquanto os mandarins chineses eram homens poderosos e os mandarins de Saint-Germain-des-Prés haviam assumido papel semelhante como mestres do pensamento, o termo "samurais" insiste não mais no poder, mas na guerra dos sexos e no risco mortal que implica o combate pela liberdade. Na minha geração e, sobretudo, na sede da revista *Tel Quel*[121], estruturalista e pós-estruturalista, tratava-se, e sempre se trata, de ultrapassar os próprios limites. Desconstruir as identidades e complicar as certezas. Trazer ao mundo uma análise sem fim. "Eu empreendo uma viagem"[122] em meus ensaios e em meus "mais-do--que-romances", que não são senão eclosões de questões.

---

[120] Julia Kristeva, *Les Samouraïs*, Paris: Fayard, 1990. [Ed. bras.: *Os samurais*, trad. Ana Maria Scherer, Rio de Janeiro: Rocco, 1996.]
[121] Revista francesa fundada em Paris, em 1960, por Philippe Sollers e Jean Hallier. Julia Kristeva, Roland Barthes, Michel Foucault, Maurice Blanchot, Bernard Henry-Lévy e Tzvetan Todorov eram seus assíduos colaboradores. A publicação parou de circular em 1982. [N.T.]
[122] *Idem*, *Meurtre à Byzance*, Paris: Fayard, 2004, p. 380.

A LIBERDADE SE TORNOU POSSÍVEL: A QUE PREÇO? O PRÊMIO SIMONE DE BEAUVOIR

Foi com um sentimento de dívida em relação à obra de Simone de Beauvoir que, em 2008, propus a criação do prêmio que leva seu nome. Nós o criamos juntamente com Sylvie Le Bon de Beauvoir, Claude Lanzmann, Élisabeth Badinter e mais de trinta escritores, filósofos e intelectuais em todo o mundo. Logo de início, esse prêmio internacional "Simone de Beauvoir para a liberdade das mulheres" recompensou Taslima Nasrin e Ayaan Hirsi Ali, que lutam pelos direitos das mulheres frente ao fundamentalismo islâmico; em 2009, foi a vez do coletivo "Um milhão de assinaturas pela revogação de leis discriminatórias contra as mulheres no Irã", em homenagem ao combate da poetisa Simin Behbahani (1927), que não cessou de lutar pela causa das mulheres no Irã. Em 2010, as laureadas foram as chinesas Ai Xiaoming (1953), cineasta e professora do departamento de língua e literatura chinesas e diretora do departamento de literatura comparada da Universidade Sun Yat-sen, em Cantão, bem como Guo Jianmei (1960), advogada na ONG chinesa Women's Law Studies and Legal Aid Center, em Pequim. Em 2011, foi a romancista russa Lyudmila Ulitskaya (1943), Prêmio Médicis pelo livro Sonietchka, *quem recebeu o prêmio, principalmente por sua defesa da justiça e da democracia. Em 2012, a Associação Tunisiana das Mulheres Democratas foi honrada com o prêmio por encorajar a participação das mulheres nas revoluções árabes na região do Magrebe-Maxerreque. Em 2013, o prêmio foi concedido a Malala Yousafzai, jovem paquistanesa de quinze anos, símbolo da luta pela educação das meninas; em 2014, foi para a historiadora Michelle Perrot, "pioneira na França sobre história das mulheres e gênero"; em 2015, o National Museum of Women in the Arts (NMWA), de Washington, foi premiado por sua missão de revelar a arte feminina. Uma vigilância que se convida a prosseguir*[123].

---

[123] Em 2016, recebeu o prêmio o coletivo polonês "Vamos salvar as mulheres", por intermédio da ativista e líder política Barbara Nowacka. Em 2017, foi concedido a Giusi Nicolini, prefeita da ilha siciliana de Lampedusa, na Itália, por sua acolhida a refugiados e imigrantes. Em 2018, foi laureada a escritora e ativista dos direitos humanos turca Aslı Erdoğan. Em 2019, foi a vez de o prêmio ficar com a ativista salvadorenha Sara García Gross, que faz parte de uma organização que luta pela liberdade de mulheres presas por terem praticado aborto em El Salvador, país onde segue vigente há mais de duas décadas uma rígida lei antiaborto. [N.E.]

OS DIREITOS DAS MULHERES NA CHINA: AI XIAOMING[124] E GUO JIANMEI[125]

BEAUVOIR NA CHINA

Nos anos 1950, Beauvoir fez uma viagem à China. Em 2010, mais de meio século depois, o prêmio que leva seu nome foi atribuído a duas mulheres chinesas, Ai Xiaoming e Guo Jianmei, e constitui um reconhecimento pelas realizações e pela criatividade das mulheres

---

124 Ai Xiaoming é cineasta e professora do departamento de língua e literatura chinesas e diretora do departamento de literatura comparada da Universidade Sun Yat-sen, no Cantão. Além de suas próprias pesquisas acadêmicas sobre a condição feminina, seu ensino sobre a história do feminismo, os combates das mulheres por seus direitos e a defesa dos trabalhadores migrantes, Ai Xiaoming é igualmente reconhecida, tanto na China como no exterior, por seus documentários produzidos fora dos circuitos oficiais. Há muito tempo feminista e engajada, ela é uma ativista virulenta do movimento de defesa dos direitos na China, em particular na área rural.
125 Guo Jianmei é responsável e advogada da ONG chinesa Women's Law Studies and Legal Aid Center, antes ligada à Universidade de Pequim. Essa ONG trabalha na defesa de casos judiciais, na promoção de mudanças no dispositivo legislativo e na melhoria da condição das mulheres na China (luta contra as violências familiares, contra as discriminações na esfera do trabalho, contra o assédio sexual, em prol da necessidade de reforma do sistema agrário nas zonas rurais, que deixa inumeráveis mulheres sem terra após um divórcio ou a morte do marido). Depois de ter recebido o Prêmio Simone de Beauvoir, a ONG dirigida por Guo Jianmei foi desligada da Universidade de Pequim e continua suas atividades de maneira independente.

chinesas. Nas últimas décadas, as mulheres – sobretudo as das elites intelectuais e políticas – tomam cada vez mais consciência de seus direitos e do fato de que estes se baseiam em uma nova filosofia da emancipação inspirada pela obra de Simone de Beauvoir e pela diversidade do movimento feminista mundial. Elas se mobilizam contra todas as violências que lhes são infligidas: o assassinato de bebês do sexo feminino, a violência conjugal, as discriminações em termos de salários, a promoção profissional, o divórcio, a aposentadoria etc.

UMA LONGA MARCHA

Em setembro-outubro de 1955, Simone de Beauvoir foi uma das primeiras intelectuais ocidentais a visitar a China. *La Longue marche*[126] (A longa marcha), obra publicada em 1957, é uma reportagem de campo e um ensaio de explicação de um país misterioso e em pleno desenvolvimento. Ou se trata de uma "viagem ao país da utopia", como afirma o filósofo e cientista político israelita Denis Charbit[127], membro do júri do Prêmio Simone de Beauvoir e lúcido conhecedor da vida política francesa?

O entusiasmo da filósofa o faz pensar. Inspirada por um marxismo revisto e corrigido por seu existencialismo, não seria apenas "para não desesperar Billancourt"[128], após as revelações sobre a União Soviética e os acontecimentos na Hungria, que ela descobriu,

---

[126] Doravante LM.
[127] Denis Charbit, "Voyage en Utopie: la Chine de Simone de Beauvoir", em: *Perspectives 11*, 2004, Hebrew University of Jerusalem, pp. 209-37 (doravante DCh); cf. também Denis Charbit, "Simone de Beauvoir, Israël et les Juifs", em: *Les Temps modernes*, n. 619, Paris: Gallimard, 2002.
[128] Kristeva retoma aqui uma frase atribuída a Sartre: "Il ne faut pas désespérer Billancourt" [é preciso não desesperar Billancourt]. [N.E.]

em plena Guerra Fria, uma nova terra predileta na China? A menos que o contexto desse "convite" (feito pelo próprio Chu En-Lai[129]) não impusesse a Beauvoir proposições conciliadoras e não a impedisse de fazer, como de hábito, uma crítica franca e leal ao que ela via? Nem uma coisa nem outra, isso porque a autora não deixou de expressar suas dúvidas, suas incertezas e seus desacordos. Entretanto, em toda a duração de sua viagem, eles foram tão sabiamente destiladas e tão cuidadosamente sufocados que *A longa marcha* ainda passa como sendo uma peregrinação rumo à nova Terra Prometida. Antes e depois dela, inúmeros intelectuais, de André Malraux, figura de proa da sinologia francesa, até os militantes pró-chineses de 1968, como Maria-Antonietta Macciocchi[130], teriam sucumbido a uma ingenuidade semelhante, aparentemente seduzidos pela imensidão da futura grande potência.

Quando se olha mais de perto, é muito mais a especificidade da cultura da China (sempre enigmática) que surpreende os observadores e atiça tanto o entusiasmo patético de uns como o pânico e o medo de outros – isso por falta de um conhecimento rigoroso do pensamento chinês e da história cultural, social e política do país. É dessa falta que se poderia condenar Beauvoir, com a consciência de que *A longa marcha* é "o menos significativo de seus livros", mas que encerra o mérito de oferecer observações refinadas e retratos e características esboçados com alegria e não sem coragem de abrir, para um Ocidente desconfiado e para seu socialismo em perigo de esgotamento, as promessas e os riscos de uma humanidade diferente.

---

129 Líder do Partido Comunista da China, nascido em 1898. Desde a fundação da República Popular da China, em 1949, foi primeiro-ministro e depois ministro das Relações Exteriores. Morreu em Pequim em janeiro de 1976. [N.T.]
130 Maria-Antonietta Macciochi (1922-2007), jornalista, escritora e feminista, foi eleita para o parlamento italiano em 1968 e publicou livros sobre a China nos anos 1970. Seus ensaios em favor de Gramsci (1974) e de Marx (1978) tiveram grande repercussão no Brasil na década de 1980. [N.T.]

Com isso, a experiência antropológica da alteridade irrompe a cada página do argumento político mal assegurado (por parecer excessivo?) que guiou a viagem, de tal modo que Beauvoir parece realizar uma terceira "longa marcha", a sua, ao seguir a da China, que começou a se modernizar em decorrência da revolução comunista de 1949, após a "Longa Marcha" de Mao, em 1934-1935. Sua imensa curiosidade intelectual e sua inalterável honestidade de escritora distinguem, sem se deterem em explicar os erros do comunismo nem condenarem os vícios do regime totalitário, as promessas desse interminável sabre chinês sempre em curso. Ela resume: a China não é "nem paraíso nem formigueiro infernal, mas uma região bem terrestre na qual os homens que acabam de romper o ciclo sem esperança de uma existência animal lutam duramente para edificar um mundo humano".

Beauvoir percebe – e esse é o termo exato – que o sentido das realidades humanas que ela observa (cidades, vilarejos, família, trabalho, cultura, os jovens, as mulheres) lhe escapa; ele não é o mesmo que tais realidades assumem na civilização francesa. Sem ter as ferramentas intelectuais para elucidá-las, ela aparentemente não cria para si mesma senão um único objetivo: o de nos legar um grande ponto de interrogação diante dessa alteridade emergente, de nos contaminar com sua própria curiosidade por "aqueles que lutam duramente para edificar um mundo humano". Tudo isso para que continuemos a interrogar nossa própria "longa marcha"... E para que Denis Charbit perceba que Beauvoir não escreve "como turista, mas como um ser humano em busca de uma parte da humanidade tão diferente, tão apaixonante, que ela aprendeu a conhecer e a amar, com o risco de projetar nela suas expectativas que, impiedosamente rejeitadas pela História, procurarão outros horizontes" (*DCh*, p. 5).

Por isso, *A longa marcha* não é absolutamente uma dessas "degradações" da "mística em política" (Péguy), algo de que alguns se atreveram a condená-la: Beauvoir se entusiasma sobretudo com o "cenário chinês de um desaparecimento progressivo e pacífico do capitalismo" (*DCh*, p. 14), em oposição à violenta ditadura comunista que se instalou na União Soviética após a Revolução de 1917. Da mesma forma que hoje, com o desaparecimento progressivo do socialismo chinês em proveito de um neocapitalismo, alguns ressaltam o mesmo "cenário pacífico". É uma nova utopia embora exista, sob o crescimento desenfreado, depois desacelerado e incontrolável, a ameaça de uma crise? Ou, melhor, exista a constatação de uma diversidade cultural que ainda precisa ser compreendida em suas contradições, em suas promessas e em seus perigos?

Seduzida pelas aparências da civilidade popular e institucional, Beauvoir negligenciou a realidade repressiva, particularmente a submissão dos indivíduos à repressão interiorizada e aceita por uma cultura de remotos costumes feudais, camponeses e confucianos. Mesmo diante desse entendimento, entretanto, não lhe faltam nem "ponderação", nem "vigilância", nem "lucidez" (*DCh*, p. 19), sobretudo quando sua intuição de escritora a conduz a insistir, por exemplo, na maneira plástica e móvel que os chineses teriam de efetuar seu processo dinâmico de crescimento e expansão, etapa por etapa. Uma observação sutil que Joseph Needham, o eminente conhecedor dos contornos "dialéticos" próprios ao pensamento chinês, teria apreciado. Esse modelo plástico e móvel (mas ao preço de quantas sujeições?) não continua a intrigar ainda hoje, com seu direito e seu avesso, e a embaraçar os comentadores preocupados em ver emergir mais rápido e mais massivamente indivíduos livres e uma democracia à altura de seus direitos universais?

De modo semelhante, há o entusiasmo de Beauvoir pela juventude: ao escapar da marginalização à qual a condenavam tanto os casamentos arranjados como a autoridade absoluta dos anciãos, a juventude dinamiza a cena social com uma energia civilizada impossível de se encontrar em qualquer outro lugar. Entretanto, nada mudou, dá a entender a ensaísta com a filosofia da emancipação que lhe é tão cara: a liberdade dos casamentos não foi alcançada e as violências conjugais continuam a exercer seus danos, ainda que a rivalidade entre os sexos pareça ausente na esfera pública. E quando as professoras corrigem sorrindo as menininhas que levantam as saias da mulher com as unhas pintadas de vermelho para saber se ela não esconde alguma monstruosidade, Beauvoir comenta: "Com sua estatura graciosa, suas tranças, seus rostos inocentes, essas meninas têm o ar de grandes crianças sábias... Elas sorriem, suas vozes são doces, elas jamais usam um tom imperativo..." (*LM*, p. 153) – isso tudo sem duvidar de que essas mulheres-meninas, professoras ou mães, praticam um outro modelo de maternidade e de educação (mas qual?) que certamente não é desprovido de violência (mas qual?). A filósofa prefere aplaudir as medidas comunistas tomadas para proteger as mulheres, mas não deixa de notar a estagnação da realidade.

Intuitivamente, Beauvoir é sensível à leveza e à seriedade jovial dos corpos chineses, tão diferentes dos corpos ocidentais, mas não consegue explicar por que isso ressalta a diferença que existe entre as relações homem/mulher na cultura chinesa e as diferenças que a memória ancestral das sociedades patriarcais nos lega, em especial as monoteístas. Codificado desde a Antiguidade, por influência secreta do taoísmo, do budismo, do confucionismo e, mais tarde, das missões cristãs, e limitado ao casal e à sexualidade, o papel ativo e central da mulher chinesa, cujos pés precisaram ser enfaixados para contê-la, foi efetivamente modulado e orientado para uma participação ou mesmo para uma promoção social – claramente confirmada no fim do século XIX, graças, entre outras coisas, à influência das missões protestantes. Posteriormente, a utilização da "segunda metade do céu" (termos do presidente Mao), na ideologia do Partido Comunista, conferiu às chinesas um lugar central na vida social, lugar esse incomparável ao de outros países emergentes. Diante desses corpos tão diferentes, não vêm ao nosso encontro senão os substantivos "infância", "langor" ou "frescor": "Todos sorriam. Em Pequim a felicidade está no ar" (*LM*, p. 49); "Nas fábricas o ritmo do trabalho não tem nada de forçado, é até mesmo vagaroso; mas uma multidão inteira se movimenta" (*LM*, p. 27); ou ainda: "oito mil atores e bailarinos: o teatro de rua com o qual sonhavam os surrealistas" (*LM*, p. 415). "Quando se vê isso não se tem mais vontade de ser cínico"; "Impossível imaginar coisa semelhante em Roma ou Paris, falta muito frescor à nossa alma". "Sim, isso talvez seja o que há de mais comovente na China: esse frescor que em certos momentos dá à vida humana o brilho de um céu muito azul" (*LM*, p. 15).

MULHERES CHINESAS

Hoje nos dirigimos a uma outra China, ao entregar o Prêmio Simone de Beauvoir a duas militantes pelos direitos femininos em uma sociedade na qual os direitos humanos entram em agonia. Quem ousaria fazer sequer um esboço aproximativo dessa China em expansão? Permitam-me lembrar apenas alguns aspectos que atraem minha atenção, focada nas especificidades culturais desse continente, particularmente no que diz respeito ao feminino, sob a luz da história e das pesquisas contemporâneas.

Em fevereiro de 2009, 35 anos após minha primeira viagem, realizada em maio de 1974, junto de Philippe Sollers e daqueles que nossos anfitriões da época denominaram "o grupo de comparsas da revista *Tel Quel*" (Roland Barthes, François Wahl e Marcelin Pleynet), eu reencontrei a China. Se não me engano, éramos a primeira delegação de intelectuais ocidentais que a China do presidente Mao recebia após sua entrada na ONU, o que não implicava de nossa parte qualquer fidelidade ao maoísmo. Profundamente intrigada pela civilização chinesa, bem como pelas perturbações políticas que se produziam, cursando há quatro anos o curso superior de chinês na Universidade Paris VII, que continua ainda até hoje a ser minha universidade, e leitora apaixonada da célebre enciclopédia do britânico Joseph Needham, *Science and Civilisation in China* (Ciência e civilização na China), eu estava curiosa para encontrar uma resposta a duas questões (pelo menos) que me parecem sempre atuais.

Se o comunismo chinês é diferente do comunismo e do socialismo ocidentais, como a tradição cultural e a história contribuíram para forjar essa enigmática "via chinesa"?

As concepções chinesas tradicionais da causalidade, da divindade, do feminino, do masculino, da linguagem e da escrita não contribuem para formar uma subjetividade humana específica, diferente da que se constituiu na tradição greco-judaico-cristã? E se a resposta for positiva, como essas experiências subjetivas podem encontrar, opor-se ou coexistir com os outros atores de nossa humanidade universal, não menos diferenciada? Quando a "Revolução Cultural" se instalou, a implicação política das mulheres era visível – de tal forma que, ao retornar da minha viagem, escrevi um livro dedicado às mulheres[131].

Desde minha primeira visita, a China passou por grandes transformações, entretanto, minhas questões persistem e se ampliam em uma interrogação essencial que a atualidade torna ainda mais apaixonante do que nunca: graças à globalização, o encontro (e não o "conflito" ou o "choque") de civilizações tão diferentes é portador de riscos maiores? Ou de mutações benéficas, por força de empréstimos mútuos e reciprocidades surpreendentes? De modo bem esquemático, evocarei alguns elementos do "pensamento chinês" (cf. o título da obra de Marcel Granet), que prefiro denominar de "experiência chinesa" e que se situa aquém e além do "milagre econômico" do crescimento chinês e de seus imprevistos.

---

[131] Julia Kristeva, *Des chinoises*, Paris: Fayard, 2005.

O PENSAMENTO-EXPERIÊNCIA CHINÊS

Quando o padre Longobardo[132] questiona o que denomina "a religião dos chineses" (*Tratado,* 1701), ele considera que os chineses não conhecem "nosso Deus" (ou seja, o Deus dos católicos: o Pai, o Filho e o Espírito Santo), uma vez que o Imperador Celeste, Shang-di, não é senão um atributo, uma qualidade ou uma realidade fenomenal da LI 理: matéria imanente dotada de "operacionalidade", de "ordem", de "regras", de "ação", de "governança", ou seja, de "causalidade". Ao sábio jesuíta não passa despercebido que esse tipo de lei – LI – pode conduzir os eruditos que compartilham dela ao ateísmo, enquanto os diversos "espíritos" e "divindades" que se reportam a ela não são destinados senão a um tipo de religião do povo e limitam-se ao papel de guardiões da ordem social. E, mais ainda, essa causalidade imanente à matéria que constitui a LI pressupõe uma dicotomia radical entre dois termos (vazio/cheio, vida/morte, céu/terra etc.), entre os quais ela assegura a harmonia sem que se possa falar da menor unicidade entre os dois elementos de cada exemplo, que permanecem dissociados em suas próprias combinações. A partir de então, surge um problema: que verdade poderá emergir sem a unidade? Esse gênero de "matéria causal" pode revelar a verdade?

Em contrapartida, o comentário de Leibniz (1646-1716) faz essa causalidade imanente evoluir na direção de um racionalismo inovador. Em sua opinião, a LI seria uma "substância sutil acompanhada de percepção": "Eles [os chineses] mostram a verdade nas criaturas", "pois talvez, em chinês, termos como vida, saber, autoridade sejam entendidos como antropopatismos" ("Deus", a quem se atribui qualidades humanas). Leibniz seria o visionário de um humanismo à maneira chinesa? Segundo o filósofo, matemático e inventor do

---

132 Referência ao *Tratado dos Terremotos* do padre Nicolau Longobardo (1565-1654), que viveu na China como missionário a partir de 1597. [N.T.]

cálculo infinitesimal, a heterogeneidade de LI (matéria e/com ordenação) e sua dualidade intrínseca (vazio/cheio, vida/morte, céu/terra, homem/mulher) teriam a tendência de se reduzir ao que ele descobre, a partir de informações dos jesuítas, como a Razão Pura. Bem longe de ser cartesiana, essa Razão Pura o surpreende por meio do que atualmente vemos como uma especificidade da experiência chinesa: concretude, preocupação permanente com a lógica do ser vivo e do social e indistinta de uma preocupação ontológica de si.

Desse modo, delineia-se um outro ser no mundo, do qual o próprio Leibniz se aproxima em seu pensamento filosófico/matemático: toda unidade (inclusive a do homem e da mulher) constitui um ponto de impacto no qual atualizam-se uma combinatória infinita de forças e de lógicas. Essa experiência e/ou pensamento chinês seria intrinsecamente rebelde ao conceito de uma individualidade livre e suscetível à verdade, que eclode na história complexa das interseções greco-judaico-cristã, incluindo sua transplantação muçulmana na Europa? E intrinsecamente rebelde aos direitos do homem e da mulher?

A história chinesa não deixa de confirmar um medo como esse. Entretanto, não é essa mesma "ontologia de si *indissociável* da lógica do ser vivo e do social" que especifica o indivíduo segundo a experiência chinesa e que parece igualmente suscetível de conter um outro tipo de sentido dos "direitos humanos", em uma harmonia muito maior com as leis do cosmos e os conflitos sociais? E com a condição de expandir a complexidade dos desejos e dos atos significantes que constituem o foro interior de um "indivíduo" como esse, já perpetuamente aberto aos desejos e atos significantes de seu meio ambiente? Foi de fato sobre o enigma do "indivíduo" (entre aspas, porque infinitamente divisível e plural) que se concentraram os primeiros encontros do Ocidente com a China. Não foi senão recentemente que a experiência chinesa conseguiu se deixar apreender. A partir de então, dois continentes que permaneciam fora do alcance da metafísica ocidental foram abordados: de um lado, o papel específico da mulher e da mãe, do outro, o pertencimento intrínseco do sentido da linguagem à música (língua tonal) e ao gesto (ao corpo). Ou seja, se a metafísica ocidental sofre diante do indivíduo chinês, é porque não existe indivíduo, mas sim uma complementaridade homem/mulher em cada entidade; e a verdade de um sentido ou de uma linguagem não é jamais separada de sua passagem pelo corpo sexuado.

A longa dominação de uma filiação chinesa do tipo matrilinear e matrilocal impôs ao homem e à mulher chineses a certeza de sua dualidade psicossexual (dependência igualmente importante tanto da mãe como do pai), de sua "bissexualidade psíquica", e isso ainda de maneira mais forte do que em outras culturas, sobretudo no Ocidente cristão dominado pelo modelo patrilinear. Traço significativo entre todos, embora *yin* e *yang* se combinem em cada um dos dois sexos e em ambos os lados da diferença sexual, essa coabitação interna não elimina a diferença externa entre um homem e uma mulher. Ao contrário, ela favorece o casal procriador ao conceder à satisfação feminina um lugar central e uma "essência" *yin* inesgotável.

Quanto à língua tonal, que confere sentido às entonações anteriores à curva sintática, ela conserva a marca precoce do laço mãe/criança no pacto social por excelência que é a comunicação verbal (isso porque toda criança humana adquire a melodia antes da gramática, mas a criança chinesa impregna esses traços melódicos de sentido socializável). Graças a esses tons, a língua chinesa conserva um registro pré-sintático, pré-simbólico (signo e sintaxe concomitantes) e pré-edipiano (mesmo que o sistema tonal não se realize plenamente na sintaxe). A própria escrita, originalmente imagética, depois cada vez mais estilizada, abstrata e ideogramática, preserva seu caráter evocador, visual e gestual (para escrever em chinês, além da memória do sentido, exige-se também uma memória do movimento). Com esses componentes, que dependem de camadas psíquicas mais arcaicas do que a do sentido sintático-lógico, a escrita chinesa poderia ser considerada um depósito sensorial inconsciente no qual o sujeito que pensa em chinês jamais será definitivamente separado, e constitui o laboratório por excelência de suas evoluções, inovações, ressurreições.

Creio, entretanto, que seja necessário insistir nesse ponto: sob a pressão das técnicas produtivas e reprodutivas e de sua exaltação virtual, a complexidade do modelo chinês corre o risco de se imobilizar na automatização, combinatória mecânica falsamente adaptativa aos padrões em voga, ignorando essa inquietude do pensamento que a filosofia grega e, mais tarde, sua recomposição judaico-cristã inscreveram na interioridade psíquica pretendida pelo ser falante europeu. Diante dele e em espelho simétrico, o egotismo, o pragmatismo e o fundamentalismo, que se vangloriam do amor que fiéis de toda parte têm pela morte, ameaçam tanto as instituições como também as margens místicas do que se pode muito bem denominar de "almossexualidade" (a alma-e-a-sexualidade) ocidental, difundidas abundantemente pela inconsistência e a má qualidade das "séries televisivas americanas".

Terminei meu livro *As chinesas* com um espírito de questionamento não conclusivo, apostando nas promessas de que a civilização chinesa, liberada do totalitarismo comunista, poderia trazer para a humanidade: na escrita, como continuação da prece por outros meios, e nas mulheres, inventando ou construindo uma realização política, social e simbólica de sua dualidade psicossexual, capaz de colocar à prova a velha Europa de Deus e do Homem (com letras maiúsculas). Esse é o final do meu livro, e o mínimo que se pode dizer é que esse desafio está em curso.

Os desenvolvimentos recentes da globalização, no entanto, fizeram com que eu retornasse à tonalidade otimista dessa aposta, sem forçosamente afastar a possibilidade de que ela se realize. Em meu romance metafísico *Meurtre à Byzance* (Assassinato em Bizâncio,

2004), construí o personagem de um chinês rebelde, Xiao Chang, também conhecido como Wuxian, ou O Infinito, que acaba sucumbindo à sua própria fragilidade e, atormentado pela psicose, se transforma em um *serial killer* em um Ocidente exaurido.

O fim do romance é menos pessimista. Isso porque não se assassina facilmente uma cultura milenar, seja ela do Ocidente ou do extremo Oriente. Os chineses se voltam para a Europa porque a riqueza da psique europeia seduz por meio de seus mitos e suas capacidades de sublimação na arte de viver e pensar, e também por suas experiências estéticas e sociais. Os franceses e os europeus, por sua vez, quaisquer que sejam seus defeitos, levam a sério o enigma da experiência chinesa, que trabalham para decifrar. Talvez nossa experiência seja menos fechada porque o Iluminismo, o humanismo e os novos conhecimentos das ciências exatas e das ciências do espírito conseguiram nos impregnar da diversidade dos outros. Isso em vez de nos afogar na mística das ideologias que também não poupou espíritos corrosivos como o da própria Beauvoir...

CONTRA O FUNDAMENTALISMO NO PAQUISTÃO: MALALA YOUSAFZAI

Em 9 de janeiro de 2013, entregamos o Prêmio Simone de Beauvoir daquele ano à jovem Malala, cujo desejo era simplesmente continuar a frequentar a escola e que as meninas de sua região pudessem se educar. Ela sobreviveu milagrosamente a uma tentativa de assassinato pelos talibãs. Foi Prêmio Nobel da Paz em 2014.

Querida Malala Yousafzai,

Dirijo-me a você ciente de que sua saúde já está melhor e, embora a sua participação em uma videoconferência seja difícil, você poderá acompanhar a transmissão desse acontecimento.
 É com imensa afeição e admiração que lhe envio o Prêmio Simone de Beauvoir pela Liberdade das Mulheres 2013, concedido pelo Júri Internacional, e – convencida que estou – para a grande alegria de todas as mulheres do mundo que acompanham com confiança, esperança e orgulho seu combate contra o fundamentalismo.
 Querida Malala Yousafzai, seu "diário de uma estudante paquistanesa", que você começou a escrever no *blog* da BBC quando tinha 11 anos – hoje você tem apenas 14 – revelou ao mundo primeiramente o restabelecimento da *charia* na região noroeste do Paquistão, o fechamento e a destruição das escolas femininas e, depois, seu temor de não poder retornar à escola. Sob o pseudônimo de Gul Mikai,

sua voz jovem se afirmava e, mesmo amedrontada, transmitia um corajoso protesto: "Como hoje é o último dia da escola, decidimos continuar a brincar no recreio por mais tempo, espero que ela abra suas portas um dia, mas ao partir contemplei o prédio como se fosse a última vez". Ou ainda: "Tenho medo de ir à escola, pois os talibãs publicaram uma lei (retirada de um edito) excluindo todas as meninas da escola (banindo todas as meninas). De uma classe de 27, restam apenas 11 alunas. O número diminui por causa da lei dos talibãs. Após a aplicação dessa lei, três amigas minhas se mudaram com suas famílias para Peshawar, Lahore e Rawalpindi. No caminho de volta da escola para casa, ouvi um homem dizer: 'Eu vou te matar'. Acelerei o passo e, um pouco mais longe, olhei para trás para ver se o homem ainda me seguia. Fiquei consternada ao constatar que ele falava em seu celular e provavelmente ameaçava alguma outra".

Em vista disso, os talibãs a tomaram como alvo – "uma pioneira na defesa da laicidade e do Iluminismo", reivindicava textualmente o porta-voz desse movimento terrorista.

Você recebeu apoio de seus pais (em especial de seu pai, professor nessas escolas), que expressaram seu orgulho de vê-la engajada nessa causa. Embora o governo paquistanês tenha lhe concedido o Prêmio Internacional da Paz, você foi covardemente agredida, teve o rosto gravemente ferido e foi hospitalizada em caráter de urgência, primeiro no Paquistão e depois no Reino Unido. Esse ataque bárbaro foi denunciado pelo então presidente dos Estados Unidos, Barack Obama, pelo Secretário Geral das Nações Unidas, Ban Ki-moon, pelo Prêmio Nobel da Paz, o iraniano Shirin Ebadi, e provocou uma sincera onda de protestos e de indignação pelo mundo todo. Você se tornou um ícone de coragem e de esperança. O direito das jovens à educação e à cultura é uma condição indispensável à emancipação social, econômica e política e à liberdade de pensamento das mulheres. Querida Malala, permita-me fazer uma confissão, a você que ama ler e escrever. Ao ouvir seu nome, Malala, que na língua urdu significa "tocada pelo sofrimento", penso em um grande escritor francês, Marcel Proust: ele nos ensinou, querida Malala Yousafzai, que "as ideias sucedem o sofrimento".

Atualmente, essa jovem "tocada pelo sofrimento", que é você, é celebrada e admirada por todas as mulheres que querem estudar e ser livres. A partir de agora, graças a você, o nome Malala significa que é possível vencer o sofrimento por meio da mais nobre das ideias, a de liberdade, fonte de coragem e de alegria. Graças a Malala, a ideia de liberdade se tornou possível mesmo em territórios em que a barbárie ainda dissemina o sofrimento e o crime. Sim, a ideia de liberdade que sucede o sofrimento hoje se chama Malala. Você diz isso; nós dizemos isso a todas as jovens mulheres da Terra e a todos os homens que apoiam sua causa, que te apoiam.

Finalmente, algumas palavras para lembrá-la, bem como a todos aqueles e aquelas que nos veem e nos escutam, qual é o engajamento do Prêmio Simone de Beauvoir.

Criado por ocasião do centenário de nascimento de Simone de Beauvoir (1908-2008), o Prêmio Simone de Beauvoir pela Liberdade das Mulheres se propõe a recompensar a obra e a ação excepcional de mulheres e homens que, com o mesmo espírito de Simone de Beauvoir, contribuem para promover a liberdade das mulheres no mundo. É concedido anualmente por um júri internacional constituído por cerca de trinta pessoas: mulheres e homens, feministas, humanistas, escritores, filósofos, artistas, acadêmicos.

Com esse prêmio, relembramos que Simone de Beauvoir deu início a uma nova etapa, uma verdadeira revolução antropológica, na condição feminina quando escreveu: "Ninguém nasce mulher, torna-se mulher"; "Na condição feminina, como o ser humano pode se realizar? Interessando-nos pelas oportunidades do indivíduo, não definiremos essas oportunidades em termos de felicidade, mas em termos de liberdade" (*O segundo sexo*).

Consideramos, no entanto, que diversos obscurantismos continuam a explorar a miséria econômica e os conflitos políticos para oprimir e perseguir particularmente as mulheres, a despeito e contrariamente aos consideráveis avanços obtidos graças às lutas das mulheres, com Simone de Beauvoir e depois dela.

Nesse contexto, que corre o sério risco de se agravar sob o peso da crise econômica, financeira e existencial, inspiramo-nos no pensamento da escritora e filósofa, cuja obra ainda hoje sustenta a esperança de inumeráveis mulheres privadas de liberdade e a resistência ao terrorismo econômico, político e religioso sob todas as suas formas e em todos os continentes, pensamento esse que convido todos a lerem e a relerem: "O objetivo supremo que o homem deve visar é a liberdade, a única capaz de conferir valor a qualquer finalidade. A liberdade jamais será concedida, ela deve sempre ser conquistada" (*Para uma moral da ambiguidade*). "Somos livres de transcender qualquer transcendência, podemos sempre fugir 'para outro lugar', mas esse outro lugar ainda se encontra em alguma parte de nossa condição humana; jamais escaparemos dela e não temos nenhum meio de contemplá-la de fora e, assim, julgá-la. Somente ela torna possível a palavra" (*Pirro e Cineias*); "Não haverá mais Deus para me amar, mas eu arderei em milhões de corações. Ao escrever uma obra alimentada por minha história, recriarei a mim mesma e justificarei minha existência" (*Memórias de uma moça bem-comportada*).

Eu gostaria de lembrar esses princípios hoje, quando, pela primeira vez, uma jovem é recompensada por sua vigilância, sua inteligência, seu apreço pela educação e pela cultura, por sua sede de liberdade.

Agradeço a seu pai por ser o mensageiro de nossa admiração e de nossos votos de boa saúde, com a esperança de vê-la muito em breve junto a nós em nossos combates comuns.

SOBRE O FEMININO E O SAGRADO

Foram necessárias mais de três décadas, após séculos de luta latente na "querela das mulheres", para que as lutas feministas inspiradas em O segundo sexo, *de Simone de Beauvoir, publicado em 1947, culminassem em uma legislação internacional que eu gostaria de relembrar aqui.*

Adotada pela Assembleia Geral das Nações Unidas, em sua resolução 34/180, de 18 de dezembro de 1979, e em vigor a partir de 3 de setembro de 1981, a "Convenção para a eliminação de todas as formas de discriminação em relação às mulheres" definiu em seu artigo primeiro o que significa "discriminação": "qualquer distinção, exclusão ou restrição, baseada no sexo, que tem como efeito ou como objetivo comprometer ou destruir o reconhecimento, o gozo ou o exercício pelas mulheres, qualquer que seja seu estado matrimonial, com base na igualdade do homem e da mulher, dos direitos do homem e das liberdades fundamentais nos domínios político, econômico, social e cultural ou em qualquer outro domínio".

UM NOVO TOTALITARISMO

No mundo atual, os direitos das mulheres à igualdade estão longe de ser adquiridos e respeitados – a excisão continua a mutilar cerca de 90% das meninas na Somália, na Guiné, no Djibuti, no Egito, e continua uma prática generalizada em mais de quinze países da África. Nos países pobres, a educação e o acesso à cultura ainda continuam restritos, isso quando não são proibidos por crenças ou culturas abertamente sexistas. A contracepção e o direito ao aborto não são generalizados, e a eliminação de fetos femininos e o assassinato de bebês são praticados na China e na Índia.

Os casamentos precoces e forçados proliferam na Índia e em particular no Nepal, em Bangladesh, em Moçambique, na Zâmbia, no norte da República dos Camarões e na Nigéria, com o grupo Boko Haram, entre outros: atualmente, mais de 700 milhões de mulheres adultas vivas foram casadas à força quando ainda eram crianças. Todo ano, 15 milhões de jovens são vítimas dessas práticas. Em 2006, quando recebi o Prêmio Hannah Arendt para o pensamento político, ofereci o montante recebido à ONG Humani-Terra, estabelecida em Herat, no Afeganistão. Essa ONG cuida de mulheres que, para escapar da humilhante tortura do casamento forçado, atearam fogo ao próprio corpo e sobreviveram – sobrevivência precária, pois são ameaçadas de morte pelas duas famílias, são rechaçadas e deixadas sem recursos. É urgente fazer cessar o silêncio sobre esse totalitarismo que se abate sobre as meninas e as mulheres, em nome de uma "tradição sagrada" que mescla religião e um pretenso "código de hora". O que acontece de fato é que, totalmente submissas à família, ao clã, privadas de educação e de livre-arbítrio, essas meninas são tidas como objetos de troca entre os clãs. Quando se tornam butim de guerra, os agentes do fundamentalismo lhes reservam um destino ainda pior: arrancadas de suas famílias, sequestradas, violentadas, enviadas para campos de iniciação sexual para aprenderem a "satisfazer um homem" e para acelerar sua menstruação, antes de serem entregues ou vendidas a um marido que tem poder total sobre elas. Acrescenta-se a tudo isso a mais recente e conhecida "radicalização" à qual sucumbem as frágeis candidatas ao casamento com os jihadistas na Síria. Nenhuma sanção econômica, jurídica ou política é aplicada, nem qualquer medida é tomada para erradicar essas violências sexistas. As ONGs que combatem as crenças que fazem prosperar esses crimes contra a feminilidade são repudiadas como "discriminatórias" ou "racistas". O Prêmio Simone de Beauvoir 2013 foi concedido à estudante Malala, sobrevivente de um atentado talibã, e meu pedido é que ele também fosse atribuído à organização Girls Not Brides (Meninas, não noivas), que luta contra essa barbárie mortífera.

Utilizado como arma, o estupro de guerra, coletivo e massivo, com frequência acompanhado de brutalidades e de torturas, fez incontáveis vítimas na antiga Iugoslávia, na República do Congo e na Líbia. Às gestações impostas pelos estupradores com o objetivo de mestiçagem, de conquista de território, seguiram-se as perseguições e os assassinatos pelos seus próprios clãs de origem, bem como inumeráveis suicídios. As mulheres continuam a ser o alvo principal das redes mafiosas de prostituição e do tráfico de seres humanos. Em tempos de paz, não se pode contestar a prática do estupro e a mortalidade precoce e brutal das mulheres em consequência das violências masculinas, qualquer que seja o país.

ELSA CAYAT: UMA MULHER LIVRE

Em janeiro de 2015, na França, entre as vítimas na sede do jornal *Charlie Hebdo* encontrava-se Elsa Cayat, uma psicanalista de origem judaica que acabava de concluir um livro, *La Capacité de s'aimer* (A capacidade de se amar), publicado postumamente. Essa mulher amava a leitura, os livros: "Você deve ler pelo menos um livro por dia: Nietzsche, Heidegger, Freud. Pouco importa", ela havia aconselhado à sua irmã; ela adorava os romances, sobretudo os romances policiais "nos quais a gente sempre descobre a identidade do assassino e mesmo sua motivação"; acolhia seus pacientes dizendo: "Então me conte..."; expressava-se por meio de jogos de palavras; não era freudiana nem lacaniana, pertencia a uma "escola à parte", singular, emancipada, inclassificável, "cayatiana". Seu nome de família, "Cayat", significa "costureiro", em hebraico e em árabe; Elsa tecia-costurava em carne viva sua história de mulher livre com a audácia das interpretações psicanalíticas e o riso dos sempiternos debates rabínicos. Em seu último livro, revoltava-se contra os abusos dos códigos sagrados: "O sofrimento humano deriva dos abusos. Esse abuso deriva da crença, ou seja, de tudo aquilo que se absorveu, de tudo em que se acreditou".

Ao homenageá-la por ocasião de seus funerais, a rabina Delphine Horvilleur, outra mulher, relembrou o Talmud: um debate virulento se desenrolava entre grandes eruditos, cada um invocando em seu próprio benefício a autoridade e a intervenção de Deus, que a cada vez confirmava estranhamente os argumentos contraditórios de um e de outro. Até que o Rabbi Yershoua se levantou bruscamente e se dirigiu, não sem insolência, ao próprio Deus: "Você nos confiou uma lei, uma responsabilidade, agora ela está em nossas mãos. Fique longe de nossos debates". Completamente surpreso diante dessas palavras, Deus começou a rir e disse com ternura: "Meus filhos me venceram". E a rabina Delphine Horvilleur concluiu que os "*textos* ('sagrados?') estão ali para serem interpretados, para serem digeridos, por vezes distantes de seu sentido literal. Sem isso, eles nos alienam, nos enclausuram no sofrimento, nos impregnam de seus abusos. Eles nos condenam".

ENCONTRAR-SE MUTUAMENTE

Dizem-me com frequência que, para evitar que os preceitos dos iluministas desapareçam em arquivos mortos, seria preciso desenvolvê-los em um novo código religioso. Entretanto, não sou uma dessas pessoas proféticas para quem apenas uma religião ainda pode nos salvar. Eu me pergunto: o que propomos nós, descendentes dos iluministas, diante das tensões identitárias, dos dogmatismos, dos fundamentalismos, dos fanatismos, do jihadismo?

Nada além de um grande ponto de interrogação, enquanto o assunto é dos mais sérios: a identidade, o homem, a mulher, o próprio Deus, o sagrado – e, nem é preciso dizer, também o feminino.

Contemplo essa beleza secreta e nua, pintada por Giovanni Bellini (1425-1516): *Jovem mulher segurando o espelho, ou Mulher no toucador*. Ela tem o mesmo olhar voltado para o interior das Madonas que ele havia pintado anteriormente; na tela, essa improvável Vênus do mundo greco-latino em nada se assemelha a uma deusa: é uma mulher moderna, um Nu que examina a si mesmo. Graças ao espelho atrás de sua nuca, seu olhar "observa tudo". E o que a jovem examina não é sua imagem superficial: ela se distancia do espetáculo, do narcisismo, vai além das aparências; e sua incursão rumo ao interior é mais do que uma prece, o corpo participa dela, ela viaja "em si mesma", corpo e alma contemplados em suas profundezas nas quais, como escreveu Marcel Proust, "a realidade não é senão um dejeto". A nudez de Beauvoir na foto que provocou escândalo. Seu divertimento com sua nudez, fluida ou não, em seus textos.

Tornar-se mais sociável com um olhar diferente, a partir do olhar do outro, estrangeirizar-se em si e para si mesma. Aprofundar-se, conhecer-se, desfazer-se e refazer-se. Morrer para si mesmo e renascer. Viver a *experiência*, no sentido de que a *experiência* seria uma "sexta-feira santa absoluta e permanente" (segundo o sentido dado a essa expressão por Hegel e Heidegger). E aplicar essa *experiência* a tudo o que nos rodeia: eu, você, amante, filho, marido, pai, mãe, homens, mulheres, mundo. Ela poderia repetir: "Renascer jamais esteve além das minhas forças", retomando a afirmação da grande Colette sobre as mulheres e o feminino. Não foi isso que Beauvoir transmitiu às mulheres ao analisar a guerra dos sexos e julgá-la uma preocupação política da maior importância? Quanto ao sagrado, ela poderia considerar sua a frase de Santo Agostinho, que já associava o divino, a alteridade e a estrangeiridade: "Deus, graças a quem aprendemos que por vezes o que cremos ser nosso é estrangeiro e o que cremos ser estrangeiro por vezes é nosso" (Solilóquio[133]). Mulher sagrada! A *transcendência* que Beauvoir define como uma superação de si, sinônimo de *liberdade*, encontra sua fonte nesse retorno do olhar para si mesmo, no pensamento para ele mesmo e para o outro, da linguagem para as leis e os limites dos gêneros. A emancipação das mulheres é impensável sem essa experiência interior, sem essa liberdade infinitamente problematizada, que se liberta dela mesma no pacto social e no horizonte do outro sexo: puro produto do humanismo da Renascença e dos iluministas, oriundo da árvore greco-judaico-cristã e de sua transplantação muçulmana da qual não nos orgulhamos o bastante, europeus deprimidos que somos.

Quando ouço falar de uma jovem engenheira em vias de radicalização islâmica ou de outra fundamentalista, cuja identidade foi construída a partir de um culto, penso em me opor – na *liberdade* diante do desafio de se transcender, segundo Beauvoir – à *escolha*, que elas acreditam ser pessoal, de um "paraíso" quimérico na submissão, na aparente segurança comunitária e consumista e, em última análise, na pulsão de morte mais ou menos inconsciente.

Não é fatal que "os dois sexos morram cada um do seu lado", como temiam ou profetizavam Alfred de Vigny e Marcel Proust. Simone de Beauvoir previne: "Atentemos para o fato de que nossa falta de imaginação sempre despovoa o futuro [...]. Entre os sexos nascerão novas relações carnais e afetivas de que não temos nem ideia" (*LDS*, II, p. 575). Quando conflitos impensáveis ameaçam a globalização em crise, é a ela, à filósofa existencialista e à

---

[133] Ed. bras.: *Santo Agostinho, bispo de Hipona (354-430): solilóquios*, trad. Nair de Assis Oliveira, São Paulo: Paulus, 1998.

romancista dos próprios sonhos, que devemos essa constatação sobre a qual meditar: "Hoje o combate assume um outro aspecto; em lugar de querer encerrar o homem em uma masmorra, a mulher tenta evadir-se. Ela não procura conduzi-lo a regiões de imanência, mas busca imergir na luz da transcendência [...]. Não se trata mais de uma guerra entre indivíduos, enclausurados cada qual em sua esfera [...]. São duas transcendências que se enfrentam; em lugar de se reconhecerem mutuamente, cada liberdade busca dominar a outra" (*LDS*, II, pp. 561-2). Entretanto "em ambos os sexos se representa o mesmo drama do corpo e da mente, da finitude e da transcendência; ambos são corroídos pelo tempo, vigiados pela morte, têm a mesma necessidade essencial do outro; e podem tirar de sua liberdade a mesma glória" (*LDS*, II, p. 573).

NOTAS SOBRE A ORIGEM DOS TEXTOS

Beauvoir presente (pp. 19-41)
Conferência realizada no colóquio *De Beauvoir a Sartre e de Sartre a Beauvoir*, organizado pela The International Simone de Beauvoir Society e pelo Grupo de Estudos Sartrianos na Sorbonne, em 21 de junho de 2003. Publicado em *Simone de Beauvoir Studies*, 2004, v. 20, 2003-2004. Também publicado em *La Haine et le Pardon*, Paris: Fayard, 2005.

O segundo sexo, *sessenta anos depois* (pp. 43-62)
Redigido para uma participação em *L'île aux Livres*, Salão do Livro da Île-de-Ré, em 8 de agosto de 2009. Publicado em *Pulsions du temps*, Paris: Fayard, 2013.

Beauvoir sonha (pp. 63-76)
Originado da participação no colóquio *Simone de Beauvoir e a psicanálise*, organizado pelo Institut Émilie-du-Châtelet, pelo Centre d'étude et de recherche interdiciplinaire de l'UFR "Lettres, Arts et Cinéma" (Cerilac) da Universidade Paris-Diderot e pela Association pour les études freudiennes, em 19 e 20 de março de 2010, em Paris. Publicado em *Pulsions du temps*, Paris: Fayard, 2013.

Nascemos mulher, mas eu me torno mulher (pp. 77-91)
Publicado em "Simone de Beauvoir, une femme libre", *Le Monde*, edição especial, n. 6, mar., 2011, pp. 57-62; coletânea de Josyane Savigneau. Publicado também em *Pulsions du temps*. Paris: Fayard, 2013.

A liberdade se tornou possível: a que preço? O Prêmio Simone de Beauvoir (pp. 93-4)
Contra o fundamentalismo no Paquistão: Malala Yousafzai. Publicado no *site*: <www.kristeva.fr/prix-beauvoir-2013-malala-yousafzai.html>. Acesso em: out. 2018.

Os direitos das mulheres na China: Ai Xiaoming e Guo Jianmei (pp. 95-107)
Intervenção no colóquio organizado pelo júri da Universidade Paris VII por ocasião da entrega do Prêmio Simone de Beauvoir a Ai Xiaoming e Guo Jianmei. Publicado no *site*: <www.kristeva.fr/beauvoir-en-chine.html>. Acesso em: out. 2018. Extraído do livro *O feminino e o sagrado*, com Catherine Clément, Paris: Albin Michel, 2015, pp. 16-20.

SOBRE A AUTORA

Nascida na Bulgária, Julia Kristeva é escritora e psicanalista. Membro do Instituto Universitário da França e professora emérita da Universidade Paris Diderot (Paris VII), e ainda doutora *honoris causa* de diversas universidades nos Estados Unidos, no Canadá e na Europa, onde leciona regularmente.

É também membro da Sociedade Psicanalítica de Paris e cofundadora do Prêmio Simone de Beauvoir.

Em 2004, recebeu na Noruega o prêmio Holberg, que congratula as ciências humanas ausentes do Nobel; em 2006, em Bremen, recebeu o Prêmio Hannah Arendt pelo pensamento político; e, em 2017, foi laureada com o prêmio Saint-Simon. É autora de cerca de trinta obras, entre ensaios e romances.

Fontes IBM Plex e Velodroma
Papel Supremo Duo Design 300 g/m² (capa),
Pólen Soft 80 g/m² (miolo)
Impressão Eskenazi Indústria Gráfica
Data Agosto de 2020